Zerrüttete Beziehungen – Verletzte Kinderseelen

Nathalie Sabas

Zerrüttete Beziehungen – Verletzte Kinderseelen

Das Erleben von Trennung und Scheidung der Eltern aus der Perspektive der Kinder

Nathalie Sabas
Solingen, Deutschland

ISBN 978-3-658-32614-2   ISBN 978-3-658-32615-9 (eBook)
https://doi.org/10.1007/978-3-658-32615-9

Die Deutsche Nationalbibliothek verzeichnet diese Publikation in der Deutschen Nationalbibliografie; detaillierte bibliografische Daten sind im Internet über http://dnb.d-nb.de abrufbar.

Springer
© Der/die Herausgeber bzw. der/die Autor(en), exklusiv lizenziert durch Springer Fachmedien Wiesbaden GmbH, ein Teil von Springer Nature 2021
Das Werk einschließlich aller seiner Teile ist urheberrechtlich geschützt. Jede Verwertung, die nicht ausdrücklich vom Urheberrechtsgesetz zugelassen ist, bedarf der vorherigen Zustimmung der Verlage. Das gilt insbesondere für Vervielfältigungen, Bearbeitungen, Übersetzungen, Mikroverfilmungen und die Einspeicherung und Verarbeitung in elektronischen Systemen.
Die Wiedergabe von allgemein beschreibenden Bezeichnungen, Marken, Unternehmensnamen etc. in diesem Werk bedeutet nicht, dass diese frei durch jedermann benutzt werden dürfen. Die Berechtigung zur Benutzung unterliegt, auch ohne gesonderten Hinweis hierzu, den Regeln des Markenrechts. Die Rechte des jeweiligen Zeicheninhabers sind zu beachten.
Der Verlag, die Autoren und die Herausgeber gehen davon aus, dass die Angaben und Informationen in diesem Werk zum Zeitpunkt der Veröffentlichung vollständig und korrekt sind. Weder der Verlag, noch die Autoren oder die Herausgeber übernehmen, ausdrücklich oder implizit, Gewähr für den Inhalt des Werkes, etwaige Fehler oder Äußerungen. Der Verlag bleibt im Hinblick auf geografische Zuordnungen und Gebietsbezeichnungen in veröffentlichten Karten und Institutionsadressen neutral.

Coverabbildung: Adobe Stock

Springer ist ein Imprint der eingetragenen Gesellschaft Springer Fachmedien Wiesbaden GmbH und ist ein Teil von Springer Nature.
Die Anschrift der Gesellschaft ist: Abraham-Lincoln-Str. 46, 65189 Wiesbaden, Germany

Vorwort

Lieber Leser, liebe Leserin,
ich freue mich sehr darüber, dass Sie dieses Buch in Ihren Händen halten. Aus welchem Beweggrund Sie auch immer dieses Buch interessiert, es ist der erste Schritt zur Veränderung Ihrer momentanen Lebenslage. Ein gegenwärtiges Thema, wo Sie genauer hinsehen sollten, bevor Sie unter Umständen voreilige Schlüsse ziehen.

„Papa, du hast uns verlassen! Weißt du eigentlich wie schlimm ich das erlebt habe?"

Vor diesem persönlichen Hintergrund dieser Aussage, geht es in diesem Buch um die Frage, wie Kinder die Trennung und Scheidung ihrer Eltern erleben und wie sie auf verschiedene Situationen reagieren, mit dem Blick darauf, dass Eltern versuchen, die Bedürfnisse ihrer Kinder besser zu erkennen und sie intensiver wahrzunehmen.

Um dieses anschaulicher zu gestalten, möchte ich Ihnen das einschneidende Erlebnis in einigen Kapiteln anhand von kindlichen Aussagen näherzubringen, damit Sie sich leichter in die Perspektive der Kinder hineinversetzen können. Vor diesem Hintergrund habe ich mich bemüht praxisnahe Beispiele im Rahmen des Wächteramtes heranzutragen. Dieses Buch enthält viele Gedanken, die Ihnen anhand neuer Überlegungen eine andere Perspektive auf das drastische Erlebnis ermöglichen.

Uns allen ist nicht entgangen, dass in den letzten beiden Jahrzehnten die Scheidungsrate in Deutschland und anderen europäischen Ländern stetig angestiegen ist. Die Anzahl der Ehescheidungen ist dermaßen in die Höhe geschnellt, dass die meisten von uns das Auseinanderbrechen einer Familie entweder persönlich oder im nahen Freundeskreis miterlebt haben. Um die Ursache dieses Lebenswandels zu verstehen, ist es notwendig sich zunächst die Historie der Familie mit ihren nachhaltigen Veränderungen anzusehen.

Der Personenkreis, der dem am schlimmsten ausgeliefert ist, sind die Kinder. Ich war eines davon und weiß, wie sehr solch ein Erlebnis mit schmerzhaften und wuterfüllten, bis hin zu hasserfüllten Emotionen gekoppelt ist. Nicht zu vergessen sind die heftigen Streitereien zwischen den Eltern, die langen schlaflosen Nächte, die Schuldgefühle, die Hilflosigkeit oder die kindlichen Versuche der Wiederversöhnung beider Elternteile. Doch alles vergebens. *„Der Vater ging fort, und das für immer."*

Tauschen wir unsere Gedanken für einen Augenblick, in die der Kinder ein, sodass wir die Trennung und Scheidung aus der Perspektive der Kinder sehen, wird uns deutlich, dass sie uns direkt durch Worte oder indirekt, durch ihr Verhalten, auf ihre Wünsche und Bedürfnisse hinweisen.

Wir alle haben die Kindheit erfahren und ich behaupte sicher, wenn Erwachsene sich ausdrücklich mit den kindlichen Bedürfnissen auseinandersetzen oder sich mit den kindlichen Ausdrucksformen näher beschäftigen, lernen sie ihre Kinder besser zu verstehen und ihr Verhalten leichter wahrzunehmen. Mit dem erfreulichen Rückschluss, ein harmonisches Leben zu führen, sogar als getrennte Familie.

Ich wünsche Ihnen beim Lesen zahlreiche *„Aha-Effekte"* und einen Zugang in Ihr vielleicht verborgenes *„Kinder-*

herz", um die *„Sterne dieser Zeit"* – die Kinder, besser zu verstehen.

*„Die meisten Menschen
legen ihre Kindheit ab wie einen alten Hut.
Sie vergessen sie wie eine Telefonnummer,
die nicht mehr gilt.
Früher waren sie Kinder,
dann wurden sie Erwachsene,
aber was sind sie nun?
Nur wer erwachsen wird und ein Kind bleibt,
ist ein Mensch."*

Erich Kästner

*„Es gibt kein Alter,
in dem alles so intensiv erlebt wird,
wie in der Kindheit.
Wir Großen sollten uns daran erinnern,
wie das war."*

Astrid Lindgren

Danksagung

An dieser Stelle möchte ich mich bei den Menschen bedanken, ohne deren phänomenale und äußerst wertschätzende Unterstützung dieses Buch niemals in dieser Form zustande gekommen wäre.

Insbesondere gilt mein aufrichtiger Dank all den Familien und Kindern, die mir in den Gesprächen, ein tiefes Vertrauen schenkten. Sie berichteten mir an vielen Tagen meiner Dienste, mit tränenüberströmten Gesicht ihr Leid. Während andere vor Wut und Groll stürmisch den Raum verließen.

Jeden Einzelnen behalte ich in ewiger Erinnerung, denn sie waren meine größten Lehrer.

Inhaltsverzeichnis

1 Veränderungen der Familienstrukturen
und ihre Folgen............................... 1
2 Erläuterung des Begriffes ‚Familie' im Wandel
der Zeit...................................... 13
3 Die Bedeutung der Familie für die Entwicklung
des Kindes................................... 23
4 Ursachen von Trennung und Scheidung........... 29
5 Trennung und Scheidung von Eltern............. 33
   5.1 Phasen von Trennung und Scheidung.......... 33
      5.1.1 Vorscheidungsphase.................. 33
      5.1.2 Trennungsphase...................... 35
      5.1.3 Scheidungsphase..................... 36
      5.1.4 Nachscheidungsphase................. 37
   5.2 Formen von Trennung und Scheidung.......... 38
      5.2.1 Bittere Scheidung................... 38
      5.2.2 Freundschaftliche Scheidung.......... 39
6 Das Erleben der Kinder und ihre Reaktionen
während der Trennungs- und Scheidungsphasen ... 41
   6.1 Scheidung aus Sicht des Kindes............. 42
   6.2 Altersspezifische Reaktionen............... 46
      6.2.1 Säuglingsalter...................... 47
      6.2.2 Erstes bis drittes Lebensjahr........... 47

	6.2.3 Vorschulalter (ca. 6 Jahre)	49
	6.2.4 Grundschulalter (ca. bis 10 Jahre)	51
	6.2.5 Vorpubertät und Pubertät (ca. bis 12 Jahre)	53
6.3	Geschlechtsspezifische Reaktionen	56
6.4	Kindliche Reaktionen in einzelnen Trennungs- und Scheidungsphasen	61
	6.4.1 Ambivalenzphase	62
	6.4.2 Trennungsphase	67
	6.4.3 Scheidungsphase	69
	6.4.4 Nachscheidungsphase	71
6.5	Kindliche Ausdrucksformen zum Erkennen von Trennung und Scheidung	75
	6.5.1 Kinderzeichnungen – Mitteilungen der Seele	77
6.6	Bewältigungsstrategien	81

7 Langzeitfolgen – Das Scheidungskind als Erwachsener ... 85
  7.1 Langzeitfolgen der Scheidung ... 85
  7.2 Selbstwertprobleme ... 88
  7.3 Auswirkungen auf Partnerschaft, Ehe und Familie ... 90
  7.4 Positive Langzeitfolgen ... 92

8 Hilfen für betroffene Kinder und ihre Familien ... 95
  8.1 Kindliche Bedürfnisse zur Bewältigung ... 95
  8.2 Hilfsangebote für Eltern ... 100
  8.3 Hilfsangebote für Kinder ... 105
  8.4 Der Einsatz des Verfahrensbeistands in Kindschaftssachen ... 109

9 Das Wechselmodell ... 113
  9.1 Das Paritätsmodell ... 114
  9.2 Die Entscheidung des Jugendamtes ... 118
  9.3 Das Wechselmodell aus der Sicht des Kindes ... 121

10 Das Wächteramt ... 125
  10.1 Was heißt Kindeswohl? ... 128
  10.2 Wann liegt eine Kindeswohlgefährdung vor? ... 130
  10.3 „Und wenn Sie mir mein Kind wegnehmen?" ... 137

11 Wann hört der „Spuk" endlich auf? 139

Literaturverzeichnis 143

Abkürzungsverzeichnis

Abb.	Abbildung
Art.	Artikel
Aufl.	Auflage
Bd.	Band
BGB	Bürgerliches Gesetzbuch
bzw.	beziehungsweise
et al.	und andere
etc.	et cetera (etc.) (lat.: „und so weiter")
FGG	Gesetz über die Angelegenheiten der freiwilligen Gerichtsbarkeit
Hrsg.	Herausgeber
Jh.	Jahrhundert
S.	Seite
SGB VIII	Sozialgesetzbuch VIII
u. a.	unter anderem
usw.	und so weiter
u. v. m.	und vieles mehr
u. U.	unter Umständen
vgl.	vergleiche
z. T.	zum Teil
zit. n.	zitiert nach

1
Veränderungen der Familienstrukturen und ihre Folgen

In zahlreichen Veröffentlichungen wurde in den letzten Jahren auf die gestiegene Instabilität von Ehe und Familie und auf ihre sinkende Verbindlichkeit hingewiesen. Diese Entwicklung wird als *De – Institutionalisierungsprozess der Familie* bezeichnet.

Sie müssen sich vorstellen, dass während der letzten Jahrzehnte in Deutschland de facto die verschiedenen Familienformen statistisch zugenommen haben, die nicht dem *„Normalitätsmuster"*, im Hinblick auf den Familienprozess und auf die Rollenzusammensetzung, entsprechen. Das Kennzeichen von Familie ist eine bestimmte Rollenstruktur (nämlich das Zusammenleben von Vater, Mutter und Kind/ern) und eine spezifische funktionale Binnendifferenzierung, z. B. die eindeutige interne und externe Aufgabentrennung zwischen den Ehepartnern, d. h. der Ehemann und Vater hatte für die ökonomische Sicherheit zu sorgen, die Ehefrau und Mutter war für den Haushalt und vor allem für die Pflege und Erziehung der Kinder verantwortlich (vgl. Parsons 2012).

Inzwischen ist jedoch ein stetiger Anstieg von Nichtehelichen Lebensgemeinschaften mit Kindern, von Ein-Eltern-Familien und von Wiederverheiratungen (Stiefelternschaften) zu erkennen. Wenn von dem schlimmen Zustand der Familie gesprochen wird, wird dieses besonders deutlich an den demografischen Wandlungsprozessen seit dem Jahr 1965. Abzulesen ist der demografische Wandlungsprozess, insbesondere an dem starken Geburtenrückgang seit Mitte der 1960er-Jahre, der Heiratsfähigkeit und der Zahl der Ehescheidungen.

Deutschland weist in Europa seit Jahren neben, Italien und Spanien das niedrigste Geburtenniveau auf. Im Jahr 2019 wurden 778.129 Kinder lebend geboren, womit sich der rückläufige Trend im Geburtenverhalten fortgesetzt hat (vgl. Statistisches Bundesamt Deutschland 2019). Seit nun mehr als 30 Jahren kann daher von einem stabil niedrigen Geburtenniveau gesprochen werden (vgl. Peuckert 2005, S. 121).

Aktuell gibt es keinerlei Anzeichen für einen anhaltenden Wiederanstieg der Geburtenzahlen. Der wichtigste Grund für die Geburtenflaute in Deutschland bis in die 1980er-Jahre hinein, war der starke Rückgang kinderreicher Familien (drei und mehr Kinder). Die sinkende Kinderzahl und die gestiegene Lebenserwartung (*„demographische Freisetzung der Frau"*; vgl. Imhof 1981) bedeuten, dass heute nach dem Auszug der Kinder aus dem Elternhaus noch eine durchschnittlich drei Jahrzehnte dauernde *„nachelterliche Phase"* bleibt.

Die eigentliche Familienphase, macht nur noch durchschnittlich ein Viertel der gesamten Lebenszeit aus. Hinter dem generellen Rückgang der Geburten können sich zudem sehr unterschiedliche Veränderungen in der Verteilung der Familiengrößen verbergen.

Seit Beginn der 60er-Jahre ist im früheren Bundesgebiet die Gesamtzahl der Ehen mit minderjährigen Kindern im Haushalt relativ konstant geblieben. Dafür sind einige Veränderungen in der Familiengröße zu erkennen. Im Jahr 2019 besteht fast jede zweite Ehe aus minderjährigen Kindern: Die Prozentzahl bei Familien mit nur einem Kind liegt bei 45 %. Leicht rückgängig bestehen 41 % der Familien aus 2 Kindern und 14 % der Familien leben mit 3 und mehr Kindern (vgl. Tab. 15, Peuckert 2005, S. 123).

Ein Trend hin zu kleineren Familien ist seit 1972 unverkennbar. Allerdings kann man von diesen Querschnittdaten nicht ohne weiteres auf endgültige Kinderzahlen schließen. Der Anteil der in Querschnittbetrachtung ermittelten 1-Kind-Familien ist stark überhöht, da in einem Teil dieser Familien die Geschwister noch nicht geboren sind oder bereits den elterlichen Haushalt verlassen haben (vgl. Peuckert 2005, S. 123). Aus der Sicht der Kinder, fällt die Geschwisterlosigkeit noch wesentlich niedriger aus:

Nur 24 % aller Minderjährigen lebten 2019 als Einzelkinder. 48 % wohnen mit einem Bruder oder einer Schwester zusammen, 19 % freuen sich über zwei Geschwister, und 9 % teilten sich den Haushalt mit mindestens drei Geschwistern. Die heutige Frauengeneration verzichtet also immer häufiger entweder ganz auf Kinder oder sie entscheidet sich für mindestens zwei Kinder.

Noch bis in die 1960er-Jahre hinein waren die Lebensentwürfe junger Frauen primär familienorientiert, welche sich aber stark verändert haben. Dieser Wandel der Frauenrolle lässt sich an der gestiegenen weiblichen Erwerbsbeteiligung erkennen. Die Erwerbstätigkeitsquote liegt bei 63 % (vgl. Ecarius 2007, S. 48). Daran gekoppelt ist die Auffälligkeit der späten Mutterschaft.

Im Jahr 2019 betrug das durchschnittliche Alter verheirateter Frauen bei der Geburt des ersten Kindes auf Grund verlängerter Bildungs- und Ausbildungszeiten 30,1 Jahre – mit weiter steigender Tendenz. Zehn Jahre zuvor lag das Durchschnittsalter bei Geburt des ersten Kindes noch bei 28,8 Jahren. Vergleichen wir einige Bundesländer, waren Frauen z. B. in Hamburg bei der Geburt ihres ersten Kindes mit 31,2 Jahren am ältesten, in Sachsen-Anhalt dagegen mit 28,9 Jahren am jüngsten (vgl. Statistisches Bundesamt Deutschland 2019).

„Die Zahl der geborenen Kinder in Deutschland war im Jahr 2019 mit rund 778.100 Babys um 9400 niedriger als im Jahr 2018. Wie das Statistische Bundesamt mitteilt, lag die zusammengefasste Geburtenziffer im Jahr 2019 bei 1,54 Kindern je Frau. Ein Jahr zuvor betrug sie noch 1,57 Kinder je Frau" (zit. n. Pressemitteilung Nr. 282 vom 29. Juli 2020).

Aufgrund der Bildungsexpansion und der damit verbundenen revolutionären Angleichung der Bildungschancen junger Frauen, hat der Individualisierungsprozess auch auf den weiblichen Lebenszusammenhang übergegriffen.

In den Lebensentwürfen zahlreicher Frauen ist die Berufskarriere als kontinuierlicher Wert zur Familie immer wichtiger geworden. Gleichzeitig hat die Bildungsexpansion eine zunehmende Altersstreuung bei der Geburt des ersten Kindes bewirkt (vgl. Ecarius 2007, S. 37). Besonders beruflich strebsame Frauen schieben die Erstelternschaft auf.

Seit den 60er-Jahren, dem sogenannten *„Golden Age of Marriage"*, verzeichnen die nichtehelichen Geburten einen enormen Aufwärtstrend (vgl. Peuckert 2005, S. 127). Nicht nur in Deutschland, sondern in den meisten westlichen Ländern, haben in den letzten dreißig Jahren die Nichtehelichen Lebensgemeinschaften stark zugenommen. Sie haben sich sogar in den letzten 10 Jahren mehr als verdoppelt.

In dieser Lebensform wachsen aber kaum Kinder auf, sie bilden nur selten eine Familie. Die *Nichtehelichen Lebensgemeinschaften* haben keineswegs die Ehe und Familie altmodisch werden lassen, sondern diese Partnerschaftsform hat bewirkt, dass sich der Phasenablauf bis zur Ehegründung und die Sinnzuschreibung der Ehe völlig verändert haben. In Deutschland wird heutzutage, wie mehrere empirische Untersuchungen belegen (Nave-Herz 1984; Tyrell 1985; Schneewind und Vaskovics 1992; Matthias-Bleck 1997; Nave-Herz 2002) die Eheschließung überwiegend aus drei Gründen vollzogen oder geplant: wegen Schwangerschaft, eines Kinderwunsches oder wegen des Vorhandenseins von Kindern (u. U. aus früheren Partnerschaften). Trotz eines kontinuierlichen Anstiegs nichtehelicher Geburten sind Elternschaft und Ehe immer noch eng miteinander verbunden.

Mit der Änderung des Kindschaftsrechts und der Gleichstellung nichtehelicher und ehelicher Kinder ist mit einem weiteren Anstieg der Nichtehelichkeit zu rechnen. Demgegenüber haben mehrere
gesamtgesellschaftliche Prozesse zum Rückgang der Geburten beigetragen (vgl. Peuckert 2005, S. 143). Angesichts der Optionssteigerung gerät die Entscheidung für ein Kind, da sie eine langfristige, irreversible biografische Festlegung bedeutet, immer stärker in Konkurrenz zu anderen, nicht kindzentrierten Lebensstilen. Elternschaft ist zu einer Möglichkeit unter anderen geworden, was erst durch eine entsprechende Planbarkeit (bessere Methoden der Empfängnisverhütung) ermöglicht wurde. Die höchste Erklärungskraft unter den von Schneider et al. (1998) ermittelten zentralen Motiven für gewollte Kinderlosigkeit hatte der Faktor erwachsenenzentrierter Lebensstil. Inzwischen entscheiden sich die meisten Paare gegen Kinder, da diese Eltern ihre Unabhängigkeit und Flexibilität nicht aufgeben möchten. An zweiter Stelle steht eine hohe Berufs- und Karriereorientierung, wobei Elternschaft als karrierehemmend angesehen wird.

Die Erweiterung der Handlungsoptionen betrifft besonders die junge (qualifizierte) Frauengeneration, die immer weniger auf das Hausfrauen- und Mutterdasein fixiert ist und eine Vereinbarkeit von Familie und Beruf anstrebt. Die Realisierung des Kinderwunsches wird immer häufiger zeitlich hinausgeschoben, bis es irgendwann nur noch für ein Kind reicht, oder bis man sich an einen nicht kindorientierten Lebensstil gewöhnt hat und ganz auf Kinder verzichtet (vgl. Ecarius 2007, S. 37). An dieser Stelle lässt sich sagen, dass mehrere gesamtgesellschaftliche Komponenten auf diesen Planungs- und Entscheidungsprozess einen Einfluss haben.

Die strukturelle Ausdehnung der *„Wahlmöglichkeiten"* wird durch die kulturelle Liberalisierung von Ehe und Familie ergänzt. Ehe und Elternschaft sind immer weniger normativ vorgegebene und selbstverständliche Lebensperspektiven. Sie können frei gewählt und individuell entschieden werden. Liebe führt nicht mehr zwangsläufig zur Ehe und die Ehe nicht mehr zwangsläufig zur Elternschaft.

Erleichtert wird die gestiegene Wahlfreiheit zudem noch durch die verbesserten Möglichkeiten des Schwangerschaftsabbruchs, durch die Entkopplung von Sexualität und Fortpflanzung, und zuletzt durch die nachlassende Diskriminierung von Kinderlosigkeit und nichtkonventionellen Lebensformen. *„Strukturelle und kulturelle Erweiterung der Wahlmöglichkeiten"* wirken somit zusammen und tragen nachhaltig zur so genannten Individualisierung der Lebensverhältnisse bei (vgl. Peuckert 2005, S. 132). An dieser Stelle möchte ich Ihnen nahelegen, darüber nachzudenken, ob die Ansprüche an die Elternrolle gestiegen sind, was häufig zu erheblichen psychischen Belastungen und Verunsicherungen führen kann.

Dabei sind aufgrund der Emotionalisierung des Eltern-Kind-Verhältnisses, die sozial-emotionale Befriedigung, die

Kinder bieten, bereits mit einem oder zwei Kindern voll ausgeschöpft.

Da das Kind immer stärker in den Mittelpunkt des Familiengeschehens rückt, besteht zudem eine Tendenz zur *„Minderung des Eigenwertes der Paarbeziehung"*. Bei den individuellen Gründen, kein (weiteres) Kind zu bekommen, befürchtet man, den jetzigen Lebensstandard nicht mehr halten zu können. Familie wird plötzlich als existentielle Bedrohung gesehen.

Die Ehe hat in den letzten Jahrzehnten einen erheblichen Attraktivitätsverlust erlitten. Die mit der Eheschließung verbundenen Vorteile haben abgenommen, das Alleinwohnen und das unverheiratete Zusammenleben als Paar sind als Folge verlängerter Ausbildungszeiten, der Wohlstandsentwicklung und der veränderten Sexualmoral kulturell akzeptabler geworden. Vor allem sind heute immer weniger Frauen auf eine Versorgung durch einen Partner angewiesen (vgl. Ecarius 2007, S. 38).

Auch die persönliche Haltung eine Ehe einzugehen wegen Schwangerschaft, weil man sich Kinder wünscht oder wegen des Vorhandenseins von Kindern, trifft immer weniger zu. Zum Rückgang der Eheschließung hat zudem auch beigetragen, dass sich Grundlagen von Liebesbeziehungen, unter anderem die Beziehungsgestaltung zwischen den Partnern verändert haben.

Die auf lebenslange Dauer angelegte Familie der Vergangenheit war vorwiegend *„aufgabenorientiert"*, während die heutige Familie primär *„beziehungsorientiert"* ist. Die Balance zwischen partnerschaftlicher Einheit und individueller Autonomie hat sich, besonders in höheren Sozialschichten, in Richtung Autonomie verschoben, wobei die Erwartungen immer anspruchsvoller geworden sind.

An die Stelle der *romantischen Liebe*, die eine lebenslange Verbindung impliziert, treten immer häufiger reine (intimexpressive) Beziehungen, deren Hauptzweck die emotionale Befriedigung der Partner ist und die nur um ihrer selbst Willen begründet und aufrecht erhalten werden (vgl. Ecarius 2007, S. 50). Wenn Sie überlegen, kann kein Mensch der Welt all diese Erwartungen erfüllen. Eine absolute Illusion.

Die auf *„Lebenslänglich"* angelegte Ehe ist für diese Art befristeter Beziehungen eher ungünstig. Die Folgen dieser Veränderungen in der Familienstruktur sind unter anderem an der Zahl der Ehescheidungen deutlich abzulesen. In den letzten beiden Jahrzehnten ist die Scheidungsrate in Deutschland und anderen europäischen Ländern stetig angestiegen. Diese Tendenz lässt sich in Deutschland seit etwa hundert Jahren durch einen Anstieg der Scheidungszahlen belegen. Nach den neuesten Erkenntnissen des statistischen Bundesamtes endet jede zweite deutsche Ehe vor dem Scheidungsrichter. In Belgien sind es derzeit 70 %.

Sie müssen sich vorstellen, dass bei 55 % der in Deutschland geschiedenen Ehen minderjährige Kinder betroffen sind (vgl. Statistisches Bundesamt 2019). Schätzungen gehen davon aus, dass etwa jedes fünfte eheliche Kind eines Tages zum *„Scheidungswaisen"* wird. Eine Scheidung gilt heute immer weniger als moralische Verfehlung, sondern eher als legitime Form ehelicher Konfliktlösung.

Eine Häufung von Scheidungen finden um das vierte und fünfte Ehejahr statt. Aber inzwischen zeichnet sich auch das Verhaltensmuster der späten Scheidung (zwischen dem 20. und 30. Ehejahr) ab. Kinder unter fünf Jahren wirken besonders *„ehestabilisierend"*.

Wer als Kind die Scheidung seiner Eltern erlebt hat, dessen *„Chance"* verdoppelt sich, selbst geschieden zu werden. In Ehen, in denen beide Partner in ihrer Kindheit oder Jugend die Scheidung ihrer Eltern erlebt haben, ist das Scheidungsrisiko sogar dreimal so hoch wie in Ehen, in denen nur ein Partner die Elternscheidung erlebt hat (vgl. Diefenbach 1999, S. 91).

Steigende Scheidungszahlen in der Elterngeneration führen somit automatisch zu weiter steigenden Ehescheidungen in der Kindergeneration. Die beschriebenen demographischen Trends schlagen sich in einer wachsenden Vielfalt familialer und nichtfamilialer Lebensformen nieder.

Die moderne Kleinfamilie hat ihren Monopolcharakter verloren. Einem wachsenden ‚*Nicht Familiensektor*' (Alleinwohnende, kinderlose nichteheliche Lebensgemeinschaften, getrennt Zusammenlebende, kinderlose Ehepaare) steht ein schrumpfender Familiensektor (Ehepaare mit Kindern, Ein-Eltern-Familien, Nichteheliche Lebensgemeinschaften mit Kindern, Stieffamilien) gegenüber, wobei die Größenordnung zwischen beiden Gruppen heute etwa ein Drittel (Nicht-Familiensektor) zu zwei Drittel (Familiensektor) beträgt (vgl. Ecarius 2007, S. 40). Im Hinblick auf die Zahl der Kinder in den Familien, bleiben in Deutschland etwa 19 % der Kinder während ihrer gesamten Kindheit Einzelkinder. Welche Auswirkungen die Situation als Einzelkind auf den Sozialisationsprozess hat, kann man nur ahnen.

Tendenziell erfahren Einzelkinder eine höhere Zuwendung und Aufmerksamkeit durch ihre Eltern, sind aber auch stärker der Gefahr der Überbehütung ausgesetzt. Gerade Geschwister, denen es an elterlicher Zuwendung mangelt, entwickeln häufig eine besonders enge Beziehung zueinander, eine Kompensationsmöglichkeit, die in dieser Form Einzelkindern verschlossen bleibt (Kasten 1993).

Der Ablöseprozess von den Eltern ist bei Einzelkindern strukturell schwieriger, da das Kind wegen des fehlenden Geschwisters leicht in eine besonders intensive Eltern – Kind Beziehung gerät. Es fehlt eine Geschwistergruppe, die – sowohl im Fall zu großer Nähe als auch im Fall großer Distanz zu den Eltern – ein Gegengewicht zu den Eltern bilden kann. Zusätzlich fehlt aber auch die Möglichkeit, Geschwisterrivalitäten auszuleben und die Entwicklung der Fähigkeit, konkurrierende Interessen zu respektieren, Zuwendung zu den Eltern zu teilen und Kompromisse zu schließen (vgl. Peuckert 2005, S. 127). Wenn wir uns gemeinsam die Folgen im Bereich der Erziehung ansehen, wird deutlich, dass der *„moderne Elterntyp"*, bestrebt ist, das Kind in eine umfassend versorgende, behütende, wärmende Situation, gewissermaßen in einen *„sozialen Uterus"* (vgl. Schülein 1990a, S. 133) aufzunehmen. Die eigene Persönlichkeitsentfaltung des Kindes wird vehement gehemmt. Die Auswirkungen des Autonomiekonflikts sind immens.

Die Erwartungen der Eltern an und ihre emotionale Beziehung zum Kind sind sehr hoch. Sie betonen ihre Selbstständigkeit, gekoppelt mit dem Vertrauen in die eigene Pflege – und Erziehungskompetenz, und ihren Alleinvertretungsanspruch im Hinblick auf das Kind gegenüber *„Dritten"* und damit auch ihr Losgelöst-Sein aus traditionellen Sinnzusammenhängen. Hiermit erzwingt sich der *„moderne Elterntyp"* gleichzeitig einen Leistungsdruck an sich selbst. Schreien des Kindes könnte zwangsläufig als Unzufriedenheit, das heißt als schlechte Versorgung eingestuft werden. So steht mit dem *Wohl des Kindes* immer auch zugleich das Selbstwertgefühl der Eltern zur Disposition. Wenn der Säugling klagt, haben die Eltern versagt (vgl. Schülein 1990, S. 134).

Es sieht so aus, als ob der *Individualisierungsprozess* in Bezug auf Elternschaft neue Probleme gebracht hat. Die Auflösung traditioneller Sinnzusammenhänge hat die Unsicherheit und die Ambivalenz in der Elternrolle gesteigert, aber gleichzeitig auch den Leistungsdruck durch selbst gewählte Leistungsanforderungen erhöht. An dieser Stelle möchte ich betonen, dass durch die gestiegene hohe psychische Bedeutung der Ehe für den Einzelnen und durch z. T. überhöhte und idealisierte Erwartungen an subjektiv befriedigende und harmonische familiäre Beziehungen Frustrationen und damit innerfamiliäre Konflikte (bis hin zur Gewaltanwendung) heutzutage häufig *„vorprogrammiert"* werden.

Hierauf entsteht die Frage, ob durch die aufgezeigten Veränderungen im familialen Bereich, gekoppelt mit der hohen subjektiven Sinn Zuschreibung an die Ehe und Familie, und ferner durch die Kind Zentrierung der Familie, sowie durch die Pädagogisierung von Kindheit, die Ansprüche an die Elternrolle nicht dermaßen gestiegen sind, dass die Gefahr besteht, dass die Leistungsanforderungen an die Eltern immer stärker zu einer Leistungsüberforderung werden. Dieses wiederum kann den Sozialisierungsprozess von Kindern gefährden.

2

Erläuterung des Begriffes ‚Familie' im Wandel der Zeit

Die ‚Familie' ist eine universale Einrichtung, die in einigen Gesellschaften nur zeitweise durch einen gemeinsamen Haushalt gekennzeichnet ist; sie hat eine Wurzel v. a. in der sehr langen Erziehungs- und Schutzbedürftigkeit des menschlichen Nachwuchses. Besteht sie im einfachsten Fall aus nur einem oder zwei Elternteilen sowie deren Kindern, wird diese kleinste soziale Einheit als autonome Kern-Familie (Klein- Familie), ggf. als *Gatten-Familie*, bezeichnet.

Fehlt ein Ehepartner, spricht man von *„unvollständiger Familie"* (vgl. Brockhaus-Enzyklopädie, Band 7, S. 92). Dies ist die *enzyklopädische Erklärung* des Begriffes. An anderer Stelle wird ‚Familie' als äußerst emotional belegten Begriff angesehen. Einerseits bietet die Familie einen sicheren Zufluchtsort *„gegenüber einer kalten und menschenunfreundlichen Außenwelt"* (zit. n. Bien 1996, S. 5) und sei deshalb *„so populär und lebendig wie eh und je"* (zit. n. Bien 1996, S. 5). Andererseits wird die Familie als eine in der Auflösung befindliche Institution beschrieben. Die Soziologie versteht unter einer Familie (lat. familia: *„Hausgemeinschaft"*) eine engere Verwandtschaftsgruppe. Ursprünglich bezeichnet der lateinische Begriff familia (die Hausgemeinschaft), nicht die heutige Familie (Eltern und deren Kinder), sondern den Besitz eines Mannes (des pater familias), den gesamten Hausstand: seine Ehefrau, Kinder, (Haus-)Sklaven (lat. famulus) und Freigelassene, sowie das Vieh.

Familia und Pater waren keine Verwandtschafts-, sondern Herrschaftsbezeichnungen (vgl. Textor 1990a, S. 13).

Zuvor waren Begriffe wie *„Geschlecht", „Sippe", „Weib und Kind"* sowie *„Haus"* üblich, die allerdings nicht genau das bezeichnen, was wir heute ‚Familie' nennen.

Erst nach 1800 wurde unter dem Einfluss von Naturrecht, Aufklärung und Romantik der Familienbegriff immer mehr zur Bezeichnung der personalen und affektiven Beziehungen von durch Geschlechtsgemeinschaft (Ehe) und Elternschaft verbundenen Individuen verwendet (vgl. Textor 1990a, S. 13). Im Vergleich zur Kleinfamilie der Gegenwart war im Mittelalter das *„ganze Haus"* – der Begriff ‚Familie' eine Lebensgemeinschaft, die neben der Bauernfamilie vielfach unverheiratete Verwandte und Gesinde umfasste. Seine Größe war abhängig von Faktoren wie z. B. der Größe des Landbesitzes, dem Erbrecht und der Bodenbeschaffenheit. Aufgrund der hohen Sterblichkeit und des späten Heiratsalters waren die meisten Haushalte recht klein und umfassten selten mehr als fünf Personen (große Altersunterschiede).

Die Mitglieder dieser Lebensgemeinschaft wohnten zumeist in Häusern mit ein bis drei Räumen, von denen einer mit dem Vieh geteilt wurde. Somit lebten die verschiedenen Geschlechter und Altersstufen auf engstem Raum zusammen, schliefen zu mehreren in einem Bett und erlebten einander bei den intimsten Verrichtungen. Dementsprechend gab es keine Privatsphäre – aber auch nach außen hin mangelte es an einer klaren Abgrenzung: Das Haus stand immer für Nachbarn und Verwandte offen, die an allen größeren Ereignissen beteiligt waren, und zusammen mit der Herrschaft und der Kirche eine starke soziale Kontrolle ausübten (vgl. Textor 1990a, S. 18).

Die Mitglieder der Hausgemeinschaft waren also in ein enges Beziehungsnetz eingebettet, in dem sie gefühlsmäßige Bindungen und sexuelle Kontakte fanden.

In der Regel verbrachten sie Sonn- und Feiertage, sowie ihre geringe Freizeit nicht daheim, sondern in der größeren Gemeinschaft des Dorfes. Charakteristisch für die Zeit vor dem 18. Jh. waren eindeutige Autoritäts- und Abhängigkeitsverhältnisse. Alle Menschen wurden in einen bestimmten Stand geboren und verblieben zeitlebens in ihm. Er prägte ihr Verhalten und ihre Lebensform.

Auch innerhalb des jeweiligen Standes gab es eine hierarchische Ordnung – so bestimmte z. B. die Größe des Hofes, wo ein Bauer in der Kirche oder Dorfwirtschaft saß, mit wem er Umgang pflegte, wen er heiraten konnte und welche Aussteuer von seinen zukünftigen Schwiegereltern erwartet wurde. Sitte und Tradition waren unangefochten, festigten die Gesellschafts-Ordnung, prägten Tun, Wollen und den Charakter des Einzelnen (vgl. Textor 1990a, S. 14). Im Gegensatz zur Familie von heute war das *„ganze Haus"* des Mittelalters in erster Linie eine Produktionsstätte. Struktur und Funktion der Familien waren dabei eng mit der Produktionsweise der verschiedenen Bevölkerungsgruppen verknüpft.

Es diente der Existenzsicherung, der Erhaltung des Besitzes, der alltäglichen gegenseitigen Hilfe und der materiellen Versorgung der Alten und Kranken. Die gemeinsame Arbeit und Produktion als Zweck der Hausgemeinschaft prägten die zwischenmenschlichen Beziehungen; das Hausinteresse stand meist an erster Stelle. Somit war das *„ganze Haus"* weniger eine sittliche Institution als eine Einrichtung zum Überleben. Kinder wurden zu der Zeit in erster Linie als zukünftige Arbeitskräfte und als Garanten der Altersversorgung der Eltern gesehen. Zu den Kindern bestanden *"gesindesgleiche"*, relativ gefühlsarme Beziehungen (vgl. Peuckert 2005, S. 21). Ihr *"Wert"* richtete sich stark nach ihrem Nutzen für die Produktionsgemeinschaft. Die Rollen des Vaters und der Mutter erhielten erstmals im 18. Jahrhundert eine charakteristische Bedeutung (vgl. Textor 1990a, S. 19).

Insbesondere der Hausvater einer protestantischen Familie erlangte *"durch den Fortfall der priesterlichen Vermittlerrolle"* (vgl. Weber-Kellermann 1996, S. 80) mehr Autorität im Haus, während der Mutter eine treu fürsorgende Rolle zukam. Dennoch war die Hausmutter mit in die Produktion eingebunden (vgl. Böhnisch et al. 1999, S. 15).

Bei Adligen und reichen Bürgern verlief das Leben in anderen Bahnen. Sie wohnten in großen Häusern, die für die tagtäglichen Besuche von Verwandten, Bekannten und Geschäftspartnern immer offen standen. So war ein ständiges Kommen und Gehen, da sich Arbeit, Privatleben und gemeinschaftliche Vergnügungen nicht in getrennten *"Sphären"*, sondern nahezu immer im Haus abspielten. In ihm waren die einzelnen Räume nicht zweckgebunden, sondern gingen ineinander über. Auch im Adel und im reichen Bürgertum konnten sich also die Mitglieder des *"ganzen Hauses"* nicht voneinander absondern oder eine Privatsphäre ausgrenzen.

Das Leben der Familienmitglieder wurde von Bediensteten, Verwaltern, Schreibern und Lehrlingen geteilt, die Teil einer umfassenden Gemeinschaft waren.

Diener wurden nicht, wie in späteren Jahrhunderten missachtet, sondern konnten mit einem gewissen Maß an Anteilnahme und Fürsorge rechnen. Jüngere Bedienstete, Lehrlinge und Kinder standen in einem engen Verhältnis zueinander, da sie beispielsweise miteinander spielten und

2 Erläuterung des Begriffes ‚Familie' im Wandel...

vielfach ähnliche Aufgaben zu erfüllen hatten (vgl. Textor 1990a, S. 20).

Die Auflösung der Lebensform des *„ganzen Hauses"* und die Entstehung moderner Formen der Familie im ausgehenden 18. und 19. Jh. wurden durch Entwicklungen bedingt, die teilweise bereits im 16. Jh. begannen. Mit der Entdeckung der Individualität entstanden reiche Patrizierfamilien, in denen eine Trennung zwischen Arbeitsplatz und Haushalt eingeführt wurde und die Ehefrau eine rein repräsentative Funktion übernahm – Eine Lebensordnung, die für die Familie des 19. Jh. in gewisser Weise zum Leitbild wurde.

Frauen wurden erstmalig außerhalb der Familie als Mütter oder Geliebten von Königen bedeutsam. Zugleich änderte sich die Stellung des Kindes, da die Moralisten vermehrt seine zu schützende Unschuld, seine Erziehungsbedürftigkeit und die Notwendigkeit einer christlichen Erziehung betonen. Das moralische Interesse am Kind wandelte sich zu einem psychologischen (langsames Erkennen der Eigenart des Kindseins). Die Eltern widmeten sich mehr der Formung von Seele, Geist und Körper ihrer Kinder. Damit verbunden war eine stärkere Wertschätzung und Emotionalisierung der Eltern-Kind-Beziehung.

Zudem kam es zu einer Aufwertung der Familie durch die Kirche, die sie mit der *„Familie Christi"* verglich (vgl. Textor 1990a, S. 31). Im 17. Jh. wurde die Kindheit als eine Übergangsphase zwischen Kleinkindheit und Erwachsenendasein entdeckt. Familie und Schule wirkten bei der Ausgliederung des Kindes aus der Erwachsenengesellschaft zusammen und definierten Kindheit als die Lebensphase bis zum Verlassen der Schule. Diese Tendenzen verstärkten sich im 18. Jh., einer besonders *„pädagogischen"* Epoche

(Aufklärung, Philanthropen, deutsche Klassik, Neuhumanismus).

Das Bürgertum erkannte in der Bildung den Weg zur Mündigkeit, Autonomie und einem vernunftbestimmten Leben sowie ein Mittel zum gesellschaftlichen Aufstieg. Diese Entwicklung führte zu immer enger werdenden Beziehungen zwischen Eltern und Kindern, sowie zu mehr affektiver Nähe, aber auch zu Sittenstrenge und Disziplin.

Familiensinn und Sinn für die Kindheit nahmen mehr oder minder gleichzeitig zu; der Familienbegriff mit seiner Betonung personaler und emotionaler Aspekte setzte sich durch. Es kam nicht nur zur Neubestimmung der Eltern-Kind- Beziehung, sondern auch zu einer neuen Sicht der Ehebeziehung.

Die intensivere Beschäftigung mit dem Naturrecht, führte dazu, dass die Eheschließung wieder als ein Akt des weltlichen bürgerlichen Rechts, als ein aus freiem Willen der Partner erfolgender Vertragsabschluss verstanden wurde. In der Aufklärung wurden Selbstbestimmung und die Rechte der Frau betont. So sah z. B. Kant im Ehevertrag ein *„moralisches Institut"*, in dem die Partner frei und ungezwungen den gegenseitigen Besitz ihrer Geschlechtseigenschaften zum gemeinsamen Verbrauch vereinbarten (vgl. Textor 1990a, S. 33).

Dieses wurde als Zweck und Wesen der Ehe betrachtet und nicht mehr z. B. die Erhaltung und Vermehrung des Besitzes oder die zweckmäßige Verbindung zweier Familien. Das 18. Jh. war das Zeitalter der beginnenden politischen Revolution und Emanzipation des Bürgertums, das zu einer immer stärken Bevölkerungsgruppe wurde. Es entstand die Arbeiterschaft, deren Leben durch Lohnabhängigkeit, rücksichtslose Ausbeutung, Entpersönlichung der Arbeit (Auswechselbarkeit), festgelegte Arbeitszeiten, Kontrolle und Disziplinierung gekennzeichnet war. Da die In-

2 Erläuterung des Begriffes ‚Familie' im Wandel...

dustrie qualifizierte Fachkräfte benötigte, kam es bald zu einer Differenzierung zwischen gelernten und ungelernten Arbeitern. Vor allem ungelernte Arbeiter waren so schlecht bezahlt, dass sie auf die Mitarbeit von Frauen und Kindern angewiesen waren.

Die neuen Entwicklungen in Wirtschaft, Gesellschaft und Schulwesen ermöglichten vielen einen raschen gesellschaftlichen Aufstieg durch Bildung und Unternehmergeist (vgl. Peuckert 2005, S. 19). Zunehmende Komplexität und Differenzierung der Gesellschaft führten zu veränderten Sitten und zur Zivilisierung. Gleichzeitig kam es zu wachsenden Klassenunterschieden und einer größeren Trennung der Lebensräume. Durch den Staat wurde eine umfassende Rechtsordnung geschaffen.

So wurde generell die Zivilehe im Jahr 1875 eingeführt. Ein Höhepunkt dieser Entwicklung war die Verabschiedung des Bürgerlichen Gesetzbuches von 1900. Hier wurde die Ehe als eine Lebensgemeinschaft definiert, in welcher der Mann über alles das gemeinsame Leben betreffenden Angelegenheiten entscheiden durfte, prinzipiell der Frau Unterhalt gewähren musste und alleine ihre Vermögen verwalten konnte (vgl. Ecarius 2007, S. 18). Zudem war die Frau verpflichtet das Hauswesen zu leiten und eventuell im Geschäft des Mannes mitzuarbeiten.

Eine Scheidung war möglich, wenn sich ein Ehegatte des Ehebruchs schuldig machte, den anderen völlig böswillig verließ, seine Pflichten schwer verletzte und sich ehrlos und unsittlich verhielt. Durch die in den Gesetzesbestimmungen festgelegte patriarchalische Familienstruktur wurde auch die Eltern-Kind-Beziehung geregelt.

Der Vater war berechtigt, die Kinder rechtlich zu vertreten, ihr Vermögen zu verwalten und dieses zu nutzen. Bei Meinungsverschiedenheiten zwischen den Eltern bezüglich der Erziehung hatte laut Gesetz die Auffassung des Vaters den Vorrang. Kinder mussten laut Gesetz bis zum Erreichen der Volljährigkeit (21 Jahre) den Eltern gehorsam sein, sowie im Haushalt und Geschäft mitarbeiten.

Die gesetzlichen Veränderungen und die Lohnarbeit ermöglichten eine freie Partnerwahl. Allerdings dauerte es oft lange, bis die materiellen Grundlagen der Familiengründung gegeben waren. Aufgrund des hohen Heiratsalters, der großen Kindersterblichkeit und der niedrigen Lebenserwartung, dem niedrigen Einkommen und den beschränkten Wohnverhältnissen, vor allem in den Städten, blieben die Familien recht klein. Erst in den späten 1950er-Jahre und den frühen 1960er-Jahre entwickelte sich die moderne Familie (vgl. Peuckert 2005, S. 25). Die heutige Familie wird in der Figur eines Entwicklungstrends beschrieben.

Das bedeutet, wir haben es mit kontinuierlichen Veränderungen zu tun, die aus der Vergangenheit stammen und auch in die Zukunft noch anhalten sollen.

Es ist Ihnen sicherlich nicht entgangen, dass die ‚*Familie*' immer emotionaler geworden ist. Früher war die Familie ein ökonomischer Verband, heute ist sie eine emotionale Gemeinschaft. Analysiert man die Geschichte der Familie, so wird deutlich, dass Familie kein sozialer Raum ist, der von der übrigen Gesellschaft getrennt gedacht werden darf. Familie ist viel mehr ein Ausdruck der sozioökonomischen Bedingungen der Gesellschaft (Rosenbaum 1970).

Neben den ökonomischen Faktoren sind es vor allem die sozialen Beziehungen, die Familie verändert haben. So bestehen moderne Familien in der Regel aus unterschiedlichen sozialen Systemen, etwa der Ehe (oder der Partnerschaft nicht verwandter Erwachsener), der Elternschaft und komplexer Verwandtschafts- und Generationsbeziehungen wie z. B. Großeltern, Tanten und Onkeln. Ehe und Elternschaft sind heute keineswegs so eng gekoppelt wie sie es traditioneller Weise waren, und die Veränderungen zwi-

2 Erläuterung des Begriffes ‚Familie' im Wandel…

schen Geschlechter sowie neue Formen von Kindheit schlagen sich in der Familie und in den Familienvorstellungen nieder.

Die Geschichte der Familie ist vor diesem Hintergrund immer auch die Geschichte der Rollen ihrer Mitglieder. Ein verändertes Verständnis von der Mutter- oder Vaterrolle, andere Formen der Ehe oder ein neues Verständnis von der Kinder- oder Großelternrolle veränderten auch die Familie. Wobei in den letzten Jahrzehnten die tief greifenden Veränderungen vom Wandel der Frauenrolle ausgegangen sein dürfte. Familie lässt sich aber nicht nur über die sozioökonomische Struktur verstehen und begreifen. Soziale Unterschiede, arm und reich, Machtverhältnisse zwischen Kindern und Erwachsenen, Männern und Frauen sind eine Perspektive auf die Geschichte von Familie.

Außerdem lässt sich die Familie als Familienstruktur mit jeweils historischen Formen des Lebens (etwa des Wohnens), unterschiedlichen Familientraditionen und Familienritualen beschreiben. (Hierzu zählen, Hochzeiten, Geburtstage, Formen der Familienmahlzeiten etc.). Somit ist *„Familie ein kulturelles Phänomen"* (vgl. Ecarius 2007, S. 31).

3

Die Bedeutung der Familie für die Entwicklung des Kindes

„Kinder werden in die Abhängigkeit von ihren Eltern hineingeboren; sie können in den ersten Lebensjahren nicht ohne die intensive Pflege und Erziehung durch Erwachsene überleben. Sie erlernen in der Familie Sprache, Ausdrucksweise, Normen, grundlegende Fertigkeiten und soziale Kompetenzen, entwickeln Persönlichkeitsstrukturen, Charaktereigenschaften, Denkstile, Erlebensweisen, (Geschlechts-)Rollen, Werthaltungen und individuelle Verhaltensweisen. Die Kinder werden in ihre materielle, soziale und kulturelle Umwelt eingeführt und lernen, sich in ihr zu behaupten. So wird in der Familie der Grundstock für das weitere Leben des Individuums gelegt." (zit. n. Textor 1990a, S. 14).

Diese Aussage von Textor verdeutlicht, wie groß die Bedeutung der Familie für die Entwicklung eines Kindes ist, wie stark das Kind von der Beeinflussung der Eltern abhängig ist und davon positiv wie auch negativ gelenkt wird. Die Eltern, die die Struktur der Familie durch ihre eigene Persönlichkeit vorgeben und ausbilden und somit die Verantwortung für diese tragen, geben nicht nur physiologisch ihre Gene, sondern ihren Entwurf für das Leben an ihre

Kinder bewusst und unbewusst weiter. Dieser Entwurf und das psychische Klima der Ursprungsfamilie bestimmen die psychische Grundkonstitution des Kindes und damit des späteren Erwachsenen, ob es eher aktiv oder passiv ist, eine optimistische oder pessimistische Lebenseinstellung hat, aber auch konkrete Eigenschaften der Persönlichkeit. Unsere Ursprungsfamilie bestimmt also die Voraussetzungen, die wir für das Leben mitbringen, unsere Lebenseinstellung und unser emotionales Erleben.

Die Struktur der Familie ist entscheidend dafür, ob Kinder förderliche oder nachteilige Voraussetzungen für das Leben erhalten. Die Familie bietet den Kindern den psychologischen, materiellen und emotionalen Rückhalt für ihre Entwicklung zu erwachsenen Menschen. Bricht diese Struktur im Fall einer Scheidung zusammen, haben diese Kinder keinen Halt (vgl. Wallerstein und Blakeslee 1996, S. 35).

Martin Textor schildert hierzu:

„Die große Bedeutung der Familie wird vor allem deutlich, wenn Kinder einen Elternteil durch Tod bzw. Scheidung verlieren oder wenn sie vernachlässigt bzw. falsch erzogen werden. Sie reagieren dann vielfach unter anderem mit Verhaltensauffälligkeiten, Neurosen, Entwicklungsverzögerungen und Schulschwierigkeiten." (zit. n. Textor 1990a, S. 14).

Für eine gesunde Entwicklung des Kindes sind emotionale und kommunikative Beziehungssysteme zwischen Eltern und Kind von großer Bedeutung. Im täglichen familiären Zusammenleben werden körperliche und psychische Bedürfnisse, wie z. B. nach Wärme, Zuneigung oder Anerkennung befriedigt. Zudem verbringen die Familienmitglieder überwiegend ihre Freizeit zusammen. Im Gegensatz zu Schule, Beruf und Öffentlichkeit bietet die Familie die Möglichkeit, Gefühle zu zeigen und auszuleben, sowie sich selbst zu entfalten und wahrzunehmen. Insofern kann sie ein Gegengewicht zum Leben außerhalb der Wohnung sein, insbesondere für Kinder.

Zu Beginn ist gerade die Beziehung zur Mutter sehr groß, weil sie das Kind geboren hat und durch vorgeburtliche Interaktion mit dem Kind eine intensive Beziehung zu ihm aufgebaut hat. Sind diese Voraussetzungen nicht gegeben, kann es zu *„irreversiblen Dauerschädigungen"* des Kindes kommen. (vgl. Lempp 1986, S. 20).

René Spitz (Psychoanalytiker, Wegbereiter der Säuglingsforschung und Entwicklungspsychologie) beobachtete bei Kindern, welche plötzlich von ihren Müttern verlassen wurden, ein charakteristisches und ziemlich regelmäßiges auftretendes Verhalten. Er beschrieb, wie diese Kinder im ersten Monat zunächst weinerlich und anspruchsvoll werden und sich sehr bemühen Kontakt mit einem anderen Erwachsenen herzustellen. Im zweiten Monat geht das Weinen häufig in anhaltendes Schreien über und das Kind verliert an Gewicht. Im dritten Monat wendet sich das Kind ab und möchte keinen Kontakt aufnehmen. Das Kind wird nun anfälliger für Krankheiten und zeigt immer deutlicher einen traurigen, starren Gesichtsausdruck. Dieses Verhalten bezeichnet René Spitz als *„anaklitische Depression"*. Wird dieses zum Dauerzustand wird vom *„Hospitalismus"* gesprochen.

Dem gegenüberstellend äußern Säuglinge und Kleinkinder ihr Bedürfnis nach intensivem Schutz und Pflege durch Signale, auf diese die Mutter *intuitiv* reagiert. So entsteht ein gemeinsames Interaktionssystem.

Die Mutter ist also am Lebensanfang fraglos die wichtigste Person, sie ist Teil des Kindes selbst, beide sind eng aufeinander bezogen und miteinander verbunden. Sie lernt die Signale des Kindes und seine Bedürfnisse zu erkennen, darauf zu reagieren und sie zu befriedigen. Es entsteht eine enge Mutter-Kind-Beziehung, die für die gesamte Entwicklung eines Kindes enorm von Wichtigkeit ist.

Sehr schnell bröckelt jedoch die ideale Mutter-Kind-Harmonie, denn das Kind wird nach und nach selbständig und fängt an, sich von der engen Beziehung zu der Mutter zu lösen. Nach dieser engen Phase zur Mutter beginnt im vierten bis fünften Lebensmonat der *„Lösungs- und Individualisierungsprozess"*, der am Ende des dritten Lebensjahres seinen Abschluss findet. Etwa in der Mitte des ersten Lebensjahres reagiert das Kind auf Mutter und Vater mit einer spezifischen Lächel Reaktion, es erkennt sie beide als unterschiedliche Personen, zu denen es eine unterschiedliche Beziehung aufbaut. Nun wird auch *der Vater zu einem Bindungsobjekt* (vgl. Lempp 1986, S. 40).

Die Mutter erleben Jungen und Mädchen als sich selbst ähnlich. Der Vater ist anders, er riecht anders, er kratzt beim Schmusen, er fasst das Baby anders an, er spielt körperbetonter, aktiver und ruppiger. Diese Körperspiele helfen dem Kind bei seiner spielerischen Entdeckung zu sich selbst und seiner Umwelt, es nimmt Dinge, Teile von Dingen und Personen wahr, setzt sie zu Bildern zusammen und verinnerlicht diese Bilder. So gelangt es zu *„einem inneren Bild"* seiner selbst und seiner primären Bindungsobjekte Mutter und Vater (vgl. Hoffmann 2003, S. 5).

Ein wesentlicher Einfluss der Familie auf das Kind liegt in der Sprache, die dem Kind schon früh vermittelt wird. Diese bezeichnen wir als *„Muttersprache"*. Außerdem ist die Familie für das Kind ein Personenkreis aus in der Regel blutsverwandten Personen (Großeltern, Tante, Onkel etc.). Hier kann sich das heranwachsende Kind, oder der spätere Erwachsene, häufig, wenn auch keineswegs regelmäßig, zurückziehen, wenn es Hilfe bedarf.

Auch ist die Familie für das Kind eine *„Lebens- und Wirtschaftsgemeinschaft"* (vgl. Lempp 1986, S. 48), dabei kann das Kind innerhalb und außerhalb der Familie den Umgang miteinander, den Umgang mit anderen Personen außerhalb dieser kleinen Gemeinschaft, vor allem auch den Umgang mit Problemen erleben und erfahren. Zudem lernt das Kind in der Familie auch mit Leistungsanforderungen umzugehen, die ihm nach und nach von der Mutter, dann von den Eltern und Geschwistern zugemutet werden. Diese haben eine große Bedeutung für die spätere Leistungsfähigkeit, das eigene Leistungsbewusstsein, im Besonderen die Fähigkeit, die eigene Leistungsfähigkeit und ihre Grenzen zu beurteilen, wie auch die Leistungsmotivation.

Befinden sich die Leistungsanforderungen in einem Mittelmaß zwischen Überforderung und Unterforderung, also im Bereich der *„mittleren Erreichbarkeit"* ermöglichen sie dem Kind, genügende und regelmäßige Erfolgserlebnisse zu sammeln, Fortschritte zu machen und nicht durch ein Übermaß an Misserfolgen entmutigt zu werden (vgl. Lempp 1986, S. 50).

Mit der Sicherheit der Eltern im Rücken kann das Kind sich optimal entwickeln und seine Umwelt ungestört und neugierig erforschen. Es zieht nun immer weitere Kreise und die Ablösung von den Eltern vollzieht sich immer mehr. Bis zum Ende des dritten Lebensjahres geht es in erster Linie um gegensätzliche Bestrebungen, nämlich zwischen Angst vor dem Getrennt Sein von der Mutter und dem Wunsch nach Selbständigkeit. Der Vater ist in diese Kämpfe des Kindes weniger involviert als die Mutter.

Die Familie bzw. *„die Sozialisationsleistungen der Familie"* sind für die Entwicklung des Kindes von grundlegender Bedeutung (vgl. Lempp 1986, S. 44). Aus diesem Grund müsste die Familienpolitik darauf angelegt sein, allen Kindern ein Höchstmaß an Chancen für ihre emotionale, geistige und soziale Entwicklung unabhängig von der sozialen Schichtzugehörigkeit der Eltern zu sichern. Das sollte ein wesentliches Ziel sein.

4

Ursachen von Trennung und Scheidung

„Bis dass der Tod Euch scheidet!"

So lautet die klassische Hochzeitsformel und nicht nur in Hollywoodfilmen. Ein kurzer Blick in die historischen Studien der Familienforschung zeigt, dass es zu fast allen Zeiten, eine andere Form gab, eine eheliche Partnerschaft zu beenden: Die Institution der Scheidung ist wahrscheinlich genauso alt wie die Ehe selbst.

In Laufe der Zeit sind die Scheidungszahlen stetig angestiegen. Eine Ursache für den Anstieg der Scheidungszahlen liegt darin, dass der Verpflichtungs- und Verbindlichkeitscharakter der Ehe an Bedeutung verloren hat.

Wo früher die Ehe in erster Linie eine materielle Versorgungsinstitution darstellte sind an ihre Stelle vermehrt andere Werte, wie Individualismus, Emanzipation und Unabhängigkeit getreten (vgl. Werneck und Werneck-Rohrer 2003, S. 46).

Das neue Leitbild der Ehe ist vermehrt an Liebe, Interessenübereinstimmung, wechselseitige Bedürfnisbefriedigung und die Möglichkeit zur Selbstverwirklichung geknüpft, womit sich hohe Erwartungen an und Ansprüche auf eine affektiv-emotionale befriedigende Partnerschaft ergeben (vgl. Bundesministerium für Umwelt und Jugend und Familie 1999). Das heißt, sobald eine oder mehrere dieser Voraussetzungen nicht mehr gegeben sind, ist die Ehe gefährdet. Es wird vermutet, dass die gestiegenen Erwartungen der Partner und Partnerinnen aneinander zu einer Überforderung und somit zu einer Scheidung führen können.

Ferner sind die jeweiligen Rollen und Lebenskonzepte nicht mehr generell festgeschrieben. Frauen und Männer haben die Möglichkeit, sie zunehmend optional zu gestalten. Ebenso ist die ökonomische Abhängigkeit der Frau geringer geworden und die soziale Abhängigkeit daher nicht mehr gegeben. Das bedeutet, die Gesellschaft befindet sich auf einem Weg, der zunehmend individuell und diskontinuierlich verlaufen wird.

Aufgrund der zunehmenden Akzeptanz von Scheidungen wird die Beendigung einer zerrütteten Ehe erleichtert, welches als konstruktive Lösungsvariante eines Konfliktes gelten kann. Bei qualitativen Untersuchungen werden auch subjektive Scheidungsgründe genannt. Die subjektiven Angaben, welche Gründe zum Scheitern der Ehe führten, haben sich in den letzten Jahrzehnten geändert. Frauen nannten früher mangelnde Unterstützung durch den Ehemann, finanzielle Probleme, Alkoholismus, autoritäres Verhalten, physische Gewalttätigkeit, Untreue und allgemein die Persönlichkeit und Verhaltensweisen der Männer (vgl. Werneck und Werneck-Rohrer 2003, S. 50).

In fast allen Beratungsgesprächen sind Klagen über sexuelle Probleme, Kommunikationsprobleme, fehlendes Verständnis und Einfühlungsvermögen sowie Entfremdung zu finden. Diese zunehmende Unzufriedenheit schlägt sich auf die Qualität der Beziehung nieder. Eine stark reduzierte familieninternen Kommunikation und eine starke Konfliktzunahme sind die Folge.

4 Ursachen von Trennung und Scheidung

Männer hingegen geben im Durchschnitt weniger Gründe an als Frauen. Sie äußerten früher eher arbeitsbezogene Stressfaktoren, Unvereinbarkeit sexueller Wünsche und Emanzipationsbestrebungen der Ehefrauen, während sich heutzutage die Begründungen weitgehend an jene der Frauen angeglichen haben (vgl. Bundesministerium für Umwelt, Jugend und Familie 1999). Frauen bewerten ihre zurückliegende Ehe negativer als Männer und datieren den Beginn der Ehekrise auf einen früheren Zeitpunkt.

Beiden Geschlechtern ist jedoch gemeinsam, dass die Gründe für die Scheidung selten bei sich selbst gesucht werden (vgl. Rottleuthner-Lutter 1989, S. 615). Jedoch kann bei rechtzeitiger Intervention und Aufklärung das Ehepaar dabei unterstützt werden, diese Probleme anders und gerechter zu lösen. Es muss nicht immer eine Trennung als letzter Ausweg gesehen werden. Zu erwähnen ist, dass die Scheidung gesellschaftsfähiger ist, vom Gesetzgeber erleichtert wird und der Einfluss religiöser Werte stark abgenommen hat.

Hinzu kommt, dass durch die veränderte Rolle der Frau und die verminderte Kinderanzahl sowie das ausgebaute Betreuungssystem es Frauen leichter fällt, den Mann zu verlassen und ihre eigenen Wege auch in familiärer Hinsicht zu gehen. Die zwischenmenschlichen Diskrepanzen führen immer häufiger zur Trennung oder Scheidung. Ehen, die im jüngeren Alter geschlossen werden, oder auch Paare mit niedrigeren sozioökonomischen Status, haben ein höheres Trennungs- bzw. Scheidungsrisiko (vgl. Peuckert 2005, S. 185).

Zusätzlich gehören zu den Variablen, die die Scheidungshäufigkeit beeinflussen, die Berufstätigkeit der Frau, die Ehedauer, die Nationalität, die Konfession, oder aber auch die Kinderzahl und das Alter der Kinder in den Familien.

Hierbei weisen kinderlose Ehen die höchste Scheidungsrate auf.

Positiv ist zu werten, dass die Tendenz der Ehescheidungen mit Kindern seit 1960 leicht rückläufig ist und Ehen mit höherer Kinderanzahl seltener vor Gericht enden. Für den Anstieg der Scheidungsraten wird in der Literatur ein anhaltender gesellschaftlicher demographischer Wandel verantwortlich gemacht, sodass auch in absehbarer Zeit mit keiner massiven Veränderung in der Entwicklung der Scheidungsraten zu rechnen ist (vgl. Rottleuthner-Lutter 1989). Wer nicht heiratet, kann nicht vor dem Scheidungsrichter landen.

5

Trennung und Scheidung von Eltern

5.1 Phasen von Trennung und Scheidung

„Kein Mensch erlebt eine Scheidung auf dieselbe Weise wie ein anderer."

Martin R. Textor

Die Scheidung ist, aus sozialwissenschaftlicher und therapeutischer Sicht, ein mehrdimensionaler und dynamischer Veränderungsprozess, dessen Dauer von wenigen Monaten bis mehreren Jahren reicht (vgl. Familienhandbuch 2008). Zudem muss berücksichtigt werden, dass jeder Mensch sehr individuell die Phasen der Trennung erlebt, sodass die Betroffenen den Trennungszyklus mit unterschiedlichem Tempo durchlaufen.

5.1.1 Vorscheidungsphase

Die Vorscheidungsphase, auch *Ambivalenzphase* genannt, beginnt meist mit einer Desillusionierung und Unzufriedenheit mit dem Partner bzw. Partnerin. Bei der Ambivalenzphase handelt es sich um einen zeitlich nicht eindeutig begrenzbaren Abschnitt. Sie kann sich über viele Jahre hinziehen. Hier finden Ereignisse statt, die oft Jahre vor der Trennung liegen und die allmählich auf eine Veränderung in der Paarbeziehung hinwirken (vgl. Jaede 2006, S. 32). Zunächst werden Probleme verdrängt, verleugnet oder auch verharmlost. Es kommt zu immer wenigeren Gesprächen, die Partner sehen sich immer negativer und sind bei entstehenden Konflikten nur noch selten kompromissbereit.

Die entstandenen Eheprobleme verfestigen sich und ein gegenseitiger Rückzug mit zunehmender Entfremdung beginnt (vgl. Menne et al. 1993, S. 42).

In dieser Phase sind außereheliche Beziehungen nicht selten. Diese sich entwickelnde *„emotionale Scheidung"* führt die Partner zum Nachdenken über eine Trennung, die aber noch nicht endgültig vollzogen wird. Die Auseinandersetzungen werden vor den Kindern zu verheimlichen versucht. Haben die Eltern aber keine Auseinandersetzungen, ist es meist so, dass die Kinder die negative, spannungsgeladene Atmosphäre wahrnehmen. Kinder verfügen über feine *„Antennen"* und erspüren Zusammenhänge. Sie spüren, dass etwas nicht stimmt und entwickeln unter Umständen diffuse Ängste, weil sie nicht wissen, was zu der veränderten Familienatmosphäre geführt hat und sie können nicht darüber sprechen. Fragen sie ihre Eltern, erhalten sie oft ausweichende Antworten und beginnen an ihrer eigenen Beobachtungsfähigkeit zu zweifeln. Die Eltern brauchen die Kinder oft zur Aufrechterhaltung der zerrütteten Ehe. Durch die Probleme und Zukunftssorgen, die die Eltern nun zu bewältigen haben, kann es sein, dass sie weniger Zeit und Aufmerksamkeit für ihre Kinder aufbringen können, obwohl die Kinder gerade dies nun benötigen würden. Vielfach bilden sich auch Koalitionen, bei denen ein Ehepartner ausgeschlossen wird (vgl. Menne et al. 1993, S. 43).

5.1.2 Trennungsphase

Die Phase der räumlichen Trennung beginnt häufig mit dem endgültigen Auszug eines Elternteils. Diese faktische Trennung geht der psychischen Trennung voraus. Sie erfordert von allen Familienmitgliedern ein hohes Maß an äußerer und innerer Anpassung, da jetzt viele Aufgaben zu bewältigen sind. Es müssen rechtliche, finanzielle und räumliche Fragen geklärt werden. Die Eltern sind mit diesen Fragen und Problemen sehr beschäftigt. Dadurch ist ihre Verfügbarkeit für die Kinder noch stärker als in der Ambivalenzphase eingeschränkt. Aber gerade jetzt brauchen Kinder Unterstützung und Halt (vgl. Menne et al. 1993, S. 48).

Kinder erleben die räumliche Trennung, das heißt den Auszug eines Elternteils, sehr schmerzhaft. Die Familienatmosphäre wird zu diesem Zeitpunkt von den Kindern oft als bitter und hasserfüllt wahrgenommen. Ihre Unsicherheit nimmt in dem Ausmaß noch zu, je länger die Eltern damit warten, ihnen die endgültige Trennung mitzuteilen. Diese Mitteilung stellt im psychischen Erleben des Kindes einen zentralen Punkt dar. Der Auszug eines Elternteils bedeutet für die Kinder vielfältige Aufgaben. So muss die Beziehung zum abwesenden Elternteil neu gestaltet und der Verlust verarbeitet werden.

Bei einem Umzug tritt ein zusätzlicher Wechsel in der sozialen Umgebung ein. Damit können Umstrukturierungen im Freundeskreis und evtl. der Schule eintreten. Je nach Familiensituation ändern sich die finanziellen Verhältnisse und gegebenenfalls mit der Berufstätigkeit der Eltern ihre Verfügbarkeit.

5.1.3 Scheidungsphase

Die Scheidungsphase dauert in der Regel zwei Jahre und dient dazu, sich an die neuen Lebensverhältnisse anzupassen und diese formal zu regeln. Sie beginnt damit, dass zu diesem Zeitpunkt zumindest ein Partner juristische Schritte eingeleitet hat. Ihr Ende ist festgelegt, denn an ihrem Abschluss steht das Scheidungsurteil (vgl. Menne et al. 1993. S. 48). In diesem Stadium stabilisieren sich allmählich die inneren und äußeren Lebensverhältnisse. Die Trennung ist endgültig vollzogen, meist sind die finanziellen Angelegenheiten weitgehend geklärt. Ein Umgangsmodell hat sich in dieser Phase in der Regel etabliert. Entsprechend der Sorgerechtsregelungen muss sich das Kind mit neuen Bezugspersonen und Institutionen, wie dem Jugendamt, Anwälten oder Richtern auseinandersetzen. Organisationen die schon allein bei dem Gedanken, die Betroffenen in Angst und Schrecken versetzen. Da sich die Situation normalerweise weitgehend geklärt hat, bekommen die zukünftigen Lebensbedingungen der Kinder eine klarere Struktur und dies gibt den Kindern mehr Sicherheit.

Wenn Kinder erleben, dass der Kontakt zum abwesenden Elternteil weiterhin gegeben ist, ist es ihnen möglich, einen Teil ihrer Ängste und Befürchtungen abzubauen. Die Trennung erscheint nicht länger als ein existentiell bedrohliches Ereignis; sie wird normalisiert. Leider ist es jedoch auch häufig so, dass Kinder immer noch in die Konflikte ihrer Eltern eingebunden sind, weil sie von einem Elternteil oder auch beiden in die Streitigkeiten hineingezogen werden. Hier geraten Kinder in einen *Loyalitätskonflikt,* denn für Kinder ist es schwer, sich für einen Elternteil gegen den anderen zu entscheiden, weil sie beide lieben. Während meiner Amtszeit im Jugendamt wurde ich vom Familiengericht gebeten Stellung zu den jeweiligen Familienschicksalen zu beziehen. Hierfür war es notwendig mit den Minderjährigen ins Gespräch zu gehen. Wenn es um die Fragestellung des Lebensmittelpunktes ging, hat sich das Kind in der gesamten beruflichen Laufbahn lediglich nur dann *„gegen"* den anderen Elternteil *„entschieden"*, dem es just in diesem Augenblick nicht *„in die Augen"* schauen musste.

War das Kind bei der Kindesmutter anwesend, *„entschied"* es sich für seine geliebte Mutter. Fand das Gespräch gemeinsam mit dem Kindesvater statt, betonte das Kind bei seinem geliebten Vater *„leben zu wollen"*. Sie können sich sicher die Herausforderung einer kindeswohlorientierten Entscheidung vorstellen. Kinder lieben ihre Eltern bedingungslos, sodass sie manchmal Aussagen treffen, um ihre Eltern nicht zu verletzen. Diese starke Bindung fließt im hohen Maße beim Familiengericht mit ein.

5.1.4 Nachscheidungsphase

Die Nachscheidungsphase beginnt mit der gerichtlichen Scheidung und kann oft mehrere Jahre andauern. Ihr endgültiges Ende findet sich erst mit der gefühlsmäßigen Trennung der ehemaligen Partner. Viele Themen der letzten Phase sind auch hier noch akut enthalten. In manchen Familien findet sie nie ihren Abschluss, da der endgültige Schritt der psychischen Scheidung nie vollzogen wird. Gelingt es aber in der Scheidungsphase, die Trennung der Eltern auch formal zu regeln, eine neue Lebensgrundlage und mehr Unabhängigkeit für jeden zu schaffen, beginnt eine Zeit, in der jeder mehr zur Ruhe kommt, über sich nachdenkt und die Trennung im nach hinein verarbeitet.

Nicht selten wird deutlich, dass es auch schöne Zeiten in der Beziehung gab, dass nicht nur der andere für die Trennung verantwortlich war, sondern jeder seinen Anteil dazu beigetragen hat. Durch diese Sichtweise ist es oft möglich, dass sich Eltern nach Jahren gegenseitiger Feindschaft wieder an einen Tisch setzen können und versöhnlicher miteinander umgehen.

Ein weiteres Thema in dieser Zeit ist die definitive Umwandlung der Familie in eine neue Lebensform. Häufig sind bereits neue Partner der Eltern involviert. Teilweise werden dabei die Belastungen aus den veränderten Lebensumständen und Beziehungserfahrungen unterschätzt. Vielfach tauchen spezifische Konflikte auf, die aus einer ungenügenden inneren Verarbeitung der Scheidungsfolgen resultieren (vgl. Diem Knöpfel et al. 1996, S. 54). Kinder müssen in diesem Stadium die endgültige Trennung verarbeiten und sich als *„Scheidungskind"* akzeptieren lernen. Gerade Jugendliche versuchen in dieser Zeit, Hintergründe der Trennung der Eltern aufzuarbeiten und sich von dem Trennungstrauma zu befreien.

5.2 Formen von Trennung und Scheidung

5.2.1 Bittere Scheidung

Bei diesem Scheidungsfall gehen Rivalitäts- und Machtkämpfe, die bereits in der Vorscheidungsphase vorhanden waren, weiter. Die beiden Ex-Partner sind dann vor allem darauf bedacht, möglichst wenig an materiellen Dingen zu verlieren, wie z. B. Geld, Auto, Wohnung, Haus. Es geht in erster Linie darum, siegreich aus der Scheidung zu kommen. Als Ausdruck einer *bitteren Scheidung* können die Eltern beispielsweise eine lange Zeit nach der Scheidung immer noch miteinander rivalisieren, etwa im ungünstigsten Fall, um die Gunst des Kindes. Haben die Erwachsenen persönlich Probleme miteinander, sollten sie, soweit es ihnen möglich ist, versuchen die Kinder nicht zu belasten. Kinder sind mit den Sorgen der Erwachsenen meist maßlos überfordert und die Situation der Scheidung stellt an sich schon für die Kinder eine enorme Belastung dar (vgl. Hyams 2002, S. 53). Streitereien und unschöne Auseinandersetzungen der Eltern lösen bei den Kindern Ängste, Schuldgefühle und Verunsicherungen aus.

Deswegen ist das Modell der *freundschaftlichen Scheidung*, welches im Folgenden beschrieben wird, sicherlich die bessere Lösung für alle Beteiligten. Allerdings müssen die Eltern dazu in der Lage sein, und, falls das nicht möglich ist, *zuliebe ihrer Kinder*, Hilfen in Anspruch nehmen.

5.2.2 Freundschaftliche Scheidung

Bei der *freundschaftlichen Scheidung* geht es den scheidenden Ehepartnern darum, möglichst viel Positives aus ihrer Beziehung auch noch nach der Scheidung aufrechtzuerhalten (vgl. Hoffmann 2003, S. 28). Hier wird von einer Scheidung gesprochen, bei der beide Eltern menschlich und höflich miteinander umgehen und auch noch an dem Wohlergehen des anderen, nach der Zeit der Scheidung, interessiert sind. Negative Auseinandersetzungen mit Beschimpfungen, Vorwürfen usw. werden möglichst auch im Sinne der Kinder vermieden, um später einen guten Kontakt als geschiedene Eltern zueinander zu haben. Wenn die Erwachsenen fähig sind, einen guten Familienzusammenhalt nach der Scheidung herzustellen, stehen die Chancen gut, dass die Kinder davon profitieren.

Es mag sogar sein, dass diese Kinder stärker und besser angepasst sind als jene aus zwar „*intakten*", aber gestörten und unglücklichen Elternhäusern (vgl. Beal und Hochman 1994, S. 71). Dieser gute Kontakt der geschiedenen Eltern ist für die Kinder in jedem Fall sehr hilfreich und sehr vorbildlich. Er kann jedoch unter Umständen zu einer Falle für die Kinder werden, da bei ihnen die Hoffnung und Illusion geweckt und bestärkt werden kann, dass die Eltern wieder zusammenfinden könnten.

6

Das Erleben der Kinder und ihre Reaktionen während der Trennungs- und Scheidungsphasen

„Als Mama und Papa sich getrennt haben, war mein Herz zerrissen."

Trennung und Scheidung ist für alle Beteiligten ein einschneidendes Ereignis. Vor allem Kinder leiden sehr unter den, damit verbundenen Veränderungen und das macht ihr Leben unglaublich kompliziert. Dieser massive Einschnitt in die bisherige Lebensweise ist immer mit unterschiedlichen Gefühlen verbunden. Eltern nehmen ihre Kinder in diesen Umbruchsituationen häufig nicht richtig wahr, weil sie und das gesamte Umfeld in der eigenen Problematik gefangen sind. Auch wenn sich kein Elternpaar leichtfertig trennt, haben Kinder nur eine Chance diese Krise zu überwinden, wenn es ihnen gelingt, die Trennung aus verschiedenen Blickwinkeln zu betrachten. Scheidung bedeutet einen Neubeginn. Zu diesem Zeitpunkt bringen Eltern viele negative und oftmals schmerzvolle Erfahrungen mit, aber dieser neue Anfang kann auch eine andere, neue Lebensperspektive bieten.

6.1 Scheidung aus Sicht des Kindes

Jede kleine Seele hat ein völlig anderes Verständnis von dem Zeitpunkt an dem sich die Eltern tatsächlich *„Lebewohl"* sagen und das meist mit wutunterlaufenden Augen und einem fliegenden Wäschekorb aus dem Fenster. Ein Kind setzt sich erst mit der Thematik auseinander, wenn es die Information erhält, dass *„der Papa oder die Mama"* für immer auszieht und nicht mehr in die gemeinsame Wohnung zurückkehrt. Aus psychologischer Sicht ist eine Scheidung für alle Beteiligten schmerzhafter als der Tod eines geliebten Menschen. Denn über den Tod ist eine gemeinsame Trauer möglich und das Umfeld wirkt unterstützend. Bei einer Trennung oder Scheidung ist das oftmals nicht der Fall, hier fühlen sich alle Betroffenen allein gelassen.

Nicht selten kommt es vor, dass Eltern, Schwiegereltern und auch Freunde Partei für einen der beiden Partner ergreifen oder sich ganz zurückziehen. Durch diesen Schritt verlieren Kinder nicht nur einen Elternteil, sondern auch den Rückhalt im sozialen Umfeld. Eine Scheidung hat noch andere soziale Einschnitte, wie Schulwechsel, Wohnungswechsel, etc. zur Folge.

Je jünger die Kinder sind, desto weniger können sie die Scheidung der Eltern von ihrer eigenen Person trennen. Sie sehen sich selbst als Mittelpunkt der Beziehung und als alleiniger Verursacher. Wenn ein Elternteil weggeht, fühlt sich ein Kind verlassen und sucht die Ursache in seinem Verhalten. Es fühlt sich nicht mehr liebenswert oder brav genug, damit das andere Elternteil bleibt. Aus der Perspektive des Kindes ist diese *Diskontinuität* nicht wünschenswert. Das Kind wünscht sich stattdessen eine qualitativ gute und stabile Beziehung zu beiden Elternteilen (vgl. Strohbach 2002, S. 9).

Das Kind ist nicht damit einverstanden, dass sich die Eltern trennen und sich scheiden lassen. Dieser Standpunkt wird durch die Tatsache bedingt, dass die Scheidung kein punktuelles Ereignis darstellt. Sie ist vielmehr ein Prozess, der oft schleichend und still beginnt und sich über Jahre erstrecken kann. Seinen offiziellen Abschluss erfährt er mit dem Zeitpunkt der juristischen Scheidung. Die psychologische Verarbeitung erfolgt jedoch bei jedem Beteiligten zu einem anderen Zeitpunkt.

In diesem Zusammenhang möchte ich Ihnen fünf Hauptbereiche schildern, die eine maßgebliche psychologische Relevanz für die kindliche Entwicklung in Trennungs- und Scheidungssituationen haben (vgl. Langenmayr und Kardas 1996, S. 132).

- die Eltern-Kind-Interaktion
- die Interaktionen zwischen den Eltern
- Psychische Befindlichkeit der Eltern
- Grad der häuslichen Stabilität und Organisation im täglichen Leben
- Veränderung von Lebens(umwelt)bedingungen.

Hinzu kommen noch *ontogenetische* Faktoren wie Alter, Geschlecht und Konstitution des Kindes. Temporale Faktoren wie Dauer der elterlichen Konfliktsituation in der *Ambivalenzphase* oder der Zeitraum, der zwischen der Trennung und der Scheidung liegt. Kinder bemerken schon lange vor der eigentlichen elterlichen Trennung offene und verdeckte Streitszenen der Eltern.

Sie hören sie lautstark diskutieren und erleben verbale und körperliche Auseinandersetzungen, die nicht mit einer Versöhnung enden. So wird bei den Kindern Angst, Hilflosigkeit, Ohnmacht oder in vielen Fällen auch Wut ausgelöst. Häufig übernehmen die Kinder in dieser Situation die

Rolle des Vermittlers oder ziehen sich ganz zurück. Zu dieser Zeit kann es bereits zu ersten Störungen im psychoreaktiven Bereich oder im Verhalten kommen (vgl. Jaede und Zeller-König 1996, S. 3). Haben die Eltern sich zu einer Trennung entschlossen, muss auch das Kind über die veränderte Situation informiert werden. Da Eltern jedoch oft schwere Schuldgefühle verspüren, fällt ihnen dieser Schritt nicht leicht. Sie hoffen einen Weg zu finden, dem Kind möglichst wenig Schmerzen zu bereiten.

Kinder wollen sich mit dieser plötzlichen und starken Veränderung ihrer Lebenssituation nicht auseinandersetzen. Um sich zu schützen, setzen sie Mechanismen der Verleugnung, des Wegschiebens und des Verdrängens ein. Durch diese Unterdrückung der Gefühle können Störungen in der kindlichen Entwicklung ausgelöst werden. Denn nur Gefühle und Schmerzen, die gezeigt werden dürfen, werden auch angemessen bewältigt (vgl. Figdor 1998, S. 20). Erfahren die Kinder von einer Trennung bzw. Scheidung, entwickeln sich Ängste, einen Elternteil für eine gewisse Zeit oder sogar für immer zu verlieren. Erklärungen, die in den Augen der Eltern verständlich sein müssten, wie *„Wir haben uns nicht mehr lieb"* oder *„Wir streiten uns zu oft"*, führen bei Kindern eher zu größeren Ängsten als zum Verständnis.

Während meiner langjährigen Arbeit im Jugendamt habe ich Ihnen meine Erlebnisse mit den betroffenen Kinder, wie folgt zusammengefasst. Hierin wird auch deutlich, wie Kinder sich vorstellen, dass Eltern mit ihrem Erleben und ihren Reaktionen umgehen sollen.

„Ich weiß, dass ihr selbst traurig seit, aber verliert mich nicht aus den Augen." (Jörg, 10 Jahre)

„Haltet meine Wut, meine Angst, meine doofen Launen aus, so versuche ich mich alleine zu beruhigen." (Josi, 11 Jahre)

„Sagt nicht, jetzt mach Du uns auch noch Ärger oder Sorgen. Ich muss loswerden, was ich denke und fühle, sonst schleppe ich es ein Leben lang mit mir herum." (Robert, 15 Jahre)

„Wenn man sauer ist auf die Mutti, schiebt man die ganze Schuld auf sie, rennt hoch auf sein Zimmer, knallt die Tür zu, macht Musik an und spielt mit Krach." (Barbara, 11 Jahre)

„Ist der Papa traurig, weil er in F. wohnen muss?" (Gerd, 7 Jahre)

Anhand dieser Aussagen, die die Bedürfnisse der Kinder verdeutlichen, soll bewusst gemacht werden, wie sehr Kinder, als das schwächste Glied, der Unterstützung durch die Eltern bedürfen und darauf angewiesen sind. Durch solche Sätze kann man den Eltern die Sicht und die Empfindungen der Kinder *ans Herz legen*. Dies ist vielleicht ein erster Schritt, um lebenslangen Belastungen durch die elterliche Scheidung entgegenzuwirken. Kinder haben eine andere Sichtweise der Ereignisse als die Erwachsenen und völlig andere Wünsche und Vorstellungen. Die Familie, in der sie leben, ist die einzige, die sie sich denken können und auch wünschen.

Aufgrund des Trennungsprozesses werden die Illusion und ihr Glaube an die Ewigkeit der Liebe zerstört, da auch sie häufiger mit den Eltern streiten. Daraus entwickelt das Kind die Angst, es werde von den Eltern nicht mehr geliebt und müsse allein zurückbleiben (vgl. Figdor 1998, S. 21). Diese Reaktionen erfolgen in einer Phase, in der die Eltern zu sehr mit ihren eigenen Problemen beschäftigt sind, um dies zu bemerken. Im Gegensatz zum Kind sehen die Ehepartner in einer Trennung die einzige und beste Lösung.

Sie haben das Bedürfnis einen endgültigen Schlussstrich unter diesen Lebensabschnitt zu ziehen. Für die Kinder besteht die einzig denkbare Lösung darin, dass die Eltern sich wieder vertragen. Einer Trennung der Eltern können die meisten Kinder keinerlei Sinn abgewinnen. Die Einsicht, dass eine Fortsetzung der Ehe weder für die Eltern noch für sie selbst sinnvoll ist, können Kinder erst mit zunehmendem Alter gewinnen.

Kinder nehmen hier in erster Linie das Auseinanderbrechen der Familie und den Verlust ihrer Existenzgrundlage wahr. Da Kinder im biologischen Sinne als *„Nesthocker"*, also als unselbstständige Wesen geboren werden, sind sie in ihrer Entwicklung auf Hilfe angewiesen. Sie leiden unter den ungelösten Konflikten und Spannungen, die die Probleme der Eltern einbringen. Am schlimmsten ist es, wenn Kinder in den Ehekrieg der Eltern hineingezogen werden. Kinder empfinden und erleben eine Trennung in der Regel als absolute Katastrophe.

Nur selten können Kinder ihr positive Aspekte abgewinnen. Das Kind wird durch einen Umzug aus seiner gewohnten Umwelt gerissen, es treten finanzielle Probleme auf und die sozialen Verbindungen zur Verwandtschaft und zu Freunden verändern sich. Als zusätzlichen Punkt bringt eine Trennung meist nicht die erwünschte Entlastung durch das Ende der Auseinandersetzungen. Vielfach erleben Kinder nur einen *„Rollenwechsel"*. Sie werden oftmals von Zuschauern zum Objekt der Elternstreitigkeiten, im Bezug auf das Sorgerecht, Umgangsregelungen etc. (vgl. Lorinser 2000, S. 15).

6.2 Altersspezifische Reaktionen

Kinder nehmen die Qualität der zwischenmenschlichen Beziehungen anders wahr als Erwachsene. Dies ist durch ihren allgemeinen und sozialkognitiven Entwicklungsstand zu erklären.

Diese Sichtweise beeinflusst sowohl die emotionalen Reaktionen, als auch die eigenen Fähigkeiten zur Trennungsbewältigung. Es ist aber deutlich zu erkennen, dass über alle Altersgruppen hinweg sich ein anhaltendes Gefühl der tiefsten Traurigkeit über das Auseinanderbrechen einer Familie zeigt (vgl. Jaede und Zeller-König 1996, S. 6).

6.2.1 Säuglingsalter

Bereits das Neugeborene bemerkt schon frühzeitig eine angespannte Atmosphäre. Es nimmt sie mit allen Sinnen auf und reagiert entsprechend. Die Unsicherheit und Unzufriedenheit der Eltern findet sich im alltäglichen Umgang mit dem Kind wieder, z. B. abrupte Bewegungen, blicklose Umarmungen, usw. Gepresste, schrille oder aggressive Stimmen wirken auf das Kind bedrohlich.

Das Lustempfinden, das sich mit Wärme, zärtlicher Berührung und Geborgenheit einstellt, weicht dem Unlust empfinden, das dem Kind signalisiert: *„Ich bin nicht gut. Ich bin es nicht wert, mich gut zu fühlen."* Dadurch entwickelt das Kind ein vermindertes Selbstwertgefühl, welches sich festigt. Das Baby versucht sich der veränderten Umwelt anzupassen, jedoch misslingt dieser Versuch in den meisten Fällen und physische Reaktionen, wie Neurodermitis oder Probleme mit dem Verdauungssystem sind die Folge. (vgl. Mauron 2010).

6.2.2 Erstes bis drittes Lebensjahr

Eine kognitive und erklärende Erfassung des Scheidungserlebnisses ist in diesem Altersabschnitt noch nicht möglich. Nach dem Stand der Entwicklungspsychologie, nach *Piaget*, befindet sich das Kind in einem Stadium des symbolischen und vorbegrifflichen Denkens (vgl. LBS-Initiative Junge Familie 1996). In diesen Lebensjahren ist die Beziehung zu den Eltern sehr wichtig, denn erst dadurch ist das Kind in der Lage, seine physische Eigenständigkeit getrennt von seiner Umwelt wahrzunehmen. Es erlebt Verlust von Nähe und Geborgenheit zu den Eltern, indem es bemerkt, dass es eigenständig etwas bewirken kann. Dadurch können aber auch Ängste und Verlassenheitsgefühle entstehen.

Damit die notwendige Sicherheit gegeben ist, auch weiterhin aktiv zu bleiben, ist es wichtig, dass die Eltern mit entsprechender Fürsorge und liebevoller Zuwendung reagieren, denn in dieser Zeit sind für Kinder die unmittelbare Befriedigung ihrer Grundbedürfnisse und die Suche nach Schutz, Geborgenheit und Sicherheit noch von großer Bedeutung. Sehr stark miteinander verbunden und untrennbar sind das körperliche und seelische Wohlbefinden.

Kinder dieser Altersgruppe verstehen die familiären Veränderungen nicht, aber sie spüren sie. Ein ungewohnter Tagesablauf und das Ausbleiben einer wichtigen Bezugsperson können die kindliche Sicherheit und Orientierung durcheinander bringen. Streiten sich die Eltern oder führen heftige Auseinandersetzungen, reagieren Kinder in diesen Lebensjahren schnell mit körperlicher Unruhe, Weinerlichkeit, Appetitlosigkeit, Trennungsängsten oder mit nächtlichem Aufwachen durch Albträume.

Die Abgrenzung zu Erwachsenen und anderen Kindern fällt noch schwer. Weinen die Geschwister oder spüren sie, dass die Mutter traurig ist, übertragen sich diese Gefühle leicht auf das Kind als wären es die eigenen. Die auftretenden Verhaltensänderungen sind zunächst ein normales Ausdrucksmittel des Kindes, um seine Gefühle und sein Befinden zu vermitteln, teilweise auch zu verarbeiten. Reagieren die Erwachsenen jedoch nicht angemessen auf diese Signale, dann kann es schnell zur *kindlichen Resignation* kommen. Aus diesem Grund ist es sehr wichtig, dass Eltern auch gut für sich selbst sorgen und heftige

Konflikte vor dem Kind vermeiden (vgl. Jaede 2006, S. 20). In diesem Alter hilft es den Kindern Spannungen abzubauen, indem sie spielen und sich viel bewegen und oft gibt ein Kuscheltier oder eine Puppe dem Kind Halt und Geborgenheit, wenn die Eltern hierzu einmal nicht in der Lage sind.

6.2.3 Vorschulalter (ca. 6 Jahre)

Das zeitliche Vorstellungsvermögen des Kindes ist entwicklungsbedingt noch nicht entsprechend ausgereift. Sie leben noch in einer *„ich – zentrierten"* Sichtweise. Vergangenheit, Gegenwart und zukünftige Geschehnisse werden noch nicht unterschieden. Ihre Vorstellung und somit auch die Übergänge zwischen Wirklichkeit und Phantasie sind fließend. Ihre Fähigkeit sich in andere hinein zu versetzen und so Dinge aus einer anderen Perspektive zu sehen, ist nur sehr eingeschränkt vorhanden. Aus diesen Gründen sind sie auch noch von konkreten Handlungen und der direkten Anwesenheit Erwachsener abhängig (vgl. Jaede und Zeller-König 1996, S. 6). Das Vorschulkind weiß bereits, dass die Eltern die physische Trennung vollzogen haben, aber es ist sich ebenso bewusst, dass es existenziell von ihnen abhängig ist. Dementsprechend sind seine Ängste, die es aufgrund der elterlichen Trennung verspürt, auch auf dieser Ebene angesiedelt. Es geht hier eher um die existentielle Frage, *„Wer kocht mir mein Essen?"*, *„Wie komme ich in den Kindergarten?"* oder *„Wer spielt mit mir?"*. Oft machen die Kinder sich Gedanken darüber, ob sie überhaupt ein Bett zum Schlafen oder ausreichend zu Essen haben.

Da Kinder sich in dieser Altersstufe noch als Mittelpunkt der Welt erleben, führt es dazu, dass sie sich schnell die Schuld geben, dass Mutter oder Vater die Familie verlassen haben. Hier ist es sehr wichtig, dass Eltern ihren Kindern in diesen Lebensjahren sagen, dass sie keine Schuld an der Trennung haben und sie anschaulich über die neue Situation informieren.

Zudem eine kindliche Aussage:

„Mama, ich muss noch beten, damit Papa wiederkommt. Ich will dem lieben Gott auch sagen, dass ich heute im Kindergarten gar keine Bauchschmerzen hatte. Das habe ich nur so gesagt, weil ich den Kartoffelbrei nicht essen wollte. Als ich doch drei Löffel essen musste, hab ich mit der Hand in den Brei geschlagen. Dann musste ich noch sitzen bleiben, als die anderen schon wieder spielten – und auch alle Tische abwischen. Ich will das nicht mehr machen, denn Papa hat mal gesagt: Sei schön lieb, wenn ich nicht mehr bei euch wohne. Ich will ganz doll lieb sein."

Das Kind in diesem Alter definiert seine Beziehungen immer noch über den konkreten Umgang miteinander. Aus diesem Grund wird der Verlust eines Elternteils als besonders schmerzlich empfunden und als eine Form von Liebesentzug angesehen. In der Anfangsphase der Trennung versucht das Kind durch besonders positives Verhalten, wie z. B. besonders ordentliches Zimmer aufräumen, die Eltern wieder zur Versöhnung zu bewegen und den *„verlorenen"* Teil zurück zu gewinnen. Da diese Bemühungen im Allgemeinen jedoch erfolglos bleiben, reagiert es häufig mit Enttäuschung, Wut und aggressivem Verhalten.

Für das Kind ist die logische Konsequenz aus dem Weggang des einen Elternteils, dass es auch vom zweiten verlassen werden könnte. Diese Angst kann sich so weit steigern, dass das Kind möglicherweise den verbleibenden Elternteil nicht mehr verlassen möchte, aus Angst er käme nicht mehr zurück (vgl. LBS-Initiative Junge Familie 1996, S. 39). Erkennen Eltern diese Verhaltensweisen und reagieren entsprechend darauf, kann sich das kindliche Verhalten auch schnell wieder normalisieren. Haben die Eltern genügend psychische Stabilität, angemessen mit ihren Gefühlen und Unsicherheiten umzugehen, übertragen sie sich auch nicht auf das Kind.

Abschließend lässt sich sagen, dass es notwendig ist, das Kind altersentsprechend über die Vorgänge in der Familie (z. B. Verbleib des abwesenden Elternteils) und die zukünftige Entwicklung zu informieren, und die Kontinuität im Tagesablauf zu erhalten, denn ein fester Tages- und Wochenrhythmus gibt ihm Halt, und das Wiedererkennen und Wiederaufsuchen vertrauter Orte ein Gefühl der Sicherheit und Beheimatung (vgl. Jaede 2006, S. 21).

6.2.4 Grundschulalter (ca. bis 10 Jahre)

In dieser Altersphase wird Kindern zum ersten Mal bewusst, dass sie neben der physischen Unabhängigkeit auch psychisch nicht mehr an ihre Eltern gebunden sind. Diese Weiterentwicklung macht sich durch die fortgeschrittene *Ich- Entwicklung* und die zunehmende Dezentralisierung bemerkbar. Es ist ihnen langsam möglich, Abstand zu gewinnen und sich zunehmend in andere Menschen hineinzuversetzen und sich vorzustellen, wie es ihnen geht (vgl. Jaede und Zeller-König 1996, S. 7). Sie bemerken, dass die Eltern in der gleichen Situation andere oder auch konträre Empfindungen haben können (vgl. LBS-Initiative Junge Familie 1996, S. 44).

Erst zu diesem Entwicklungszeitpunkt entstehen Zeitbegriff und moralisches Urteilsvermögen. Das Kind setzt sich zum ersten Mal mit Verlust, Tod und Sterben auseinander. Hierbei wird ihm bewusst, dass das Leben, genauso wie Beziehungen, auch die zu den Eltern, nur über einen begrenzten Zeitraum bestehen bleibt. Diese Zeitspanne ist in den meisten Fällen beeinflussbar. Grundschulkinder reagieren sehr sensibel auf das Ereignis Trennung und Scheidung. Der Verlust eines Elternteils und somit die Auflösung der Familie wird als existentielle Bedrohung angesehen. Ihre Wünsche und Vorstellungen differieren im Vergleich zu den Erwachsenen. Die Familie in der sie leben, ist die einzige, die sie sich vorstellen können und wünschen. Durch diese Ereignisse geraten Kinder in *Loyalitätskonflikte* den Eltern gegenüber, die sie beide lieben.

Aufgrund der nachfolgenden Situation und der elterlichen Konfliktentwicklung fühlen sich Kinder, gerade in diesem Alter dazu verpflichtet, die Partei eines Elternteils zu ergreifen.

In den meisten Fällen kommt es hier zu einer Solidarität mit dem subjektiv Schwächeren. Diese Form der Solidarisierung stellt für das Kind eine Lösungsmöglichkeit dar, sich aus dem *Loyalitätskonflikt*, in dem es sich gerade befindet, heraus zu ziehen. Andere mögliche Formen können Rückzug und *Überangepasstheit* sein. Viele Kinder wirken in dieser Situation sehr bedrückt und fühlen sich einsam und hilflos (vgl. Jaede 2006, S. 22). Wie im Vorschulalter auch, versucht das Kind in der Anfangsphase der Trennung, die Eltern durch besonders positives Verhalten wieder zusammen zu bringen. Wenn dies nicht gelingt, reagiert es mit Enttäuschung, Wut und aggressivem Verhalten. Dies wird besonders deutlich gegenüber dem Elternteil, das die Familie verlassen hat.

Die Gefühle können sich in rechthaberischem und streitsüchtigem Verhalten ausdrücken. In dieser Situation ist es für das Kind sehr wichtig, dass beide Eltern zu ihm stehen und die Beziehung eine Stabilisierung erfährt. Häufig treten zu diesem Zeitpunkt noch andere Reaktionen wie Verleugnung, tiefe Trauer, Ängste und kindliche Depressionen auf, da sich seine kindlichen Vorstellungen bezüglich der elterlichen Versöhnung nicht erfüllen. Bei anderen Kindern können Symptome auftreten, wie

Zwangshandlungen und Konzentrationsstörungen. Um eine Verfestigung dieser Reaktionen zu vermeiden, ist es wichtig, dass die Eltern sich nach der Trennung gegenseitig akzeptieren, ihre Kinder nicht in Koalitionen gegen den anderen Elternteil einbinden oder schlecht über ihn reden, sondern dem Kind weiterhin als *Identifikationspersonen* zur Verfügung stehen.

Die Kinder brauchen ein ausgeglichenes Verhältnis zwischen beiden Eltern um sich wohl zu fühlen. Denn so wird das Kind darin unterstützt, ein positives Selbstbild aufzubauen. Um eine problemlose Identifikation zu gewährleisten, ist das Kind auf regelmäßige Besuche des nicht mehr anwesenden Elternteils angewiesen.

6.2.5 Vorpubertät und Pubertät (ca. bis 12 Jahre)

Durch die zunehmende Fähigkeit zum abstrakten Denken ist es jugendlichen Kindern möglich, komplexere Zusammenhänge zu erfassen. Sie können mehrere Sichtweisen einnehmen, also die eigene Perspektive und die der anderen gleichzeitig erfassen. So ist es ihnen möglich, diese miteinander zu koordinieren und Situationen aus der Sicht eines unabhängigen Dritten zu betrachten und zu beurteilen.

Kinder in diesem Alter sind unabhängiger von Erwachsenen geworden. Ihr Selbstbewusstsein hat zugenommen, sie sind besser in der Lage, über sich und das eigene Verhalten nachzudenken und besitzen die Fähigkeit, eigene Problemlösungen zu entwickeln. Daneben ist ihnen der Umgang mit eigenen Gefühlen möglich, die Integration *widersprüchlicher Empfindungen* gestaltet sich aber noch schwierig. In der Vorpubertät erleben die Kinder die elterliche Trennung und Scheidung als sehr schmerzhaft und einschneidend. Denn gerade in der schwierigen Zeit des

Ablösungsprozesses sind sie auf den Rückhalt und die Unterstützung der Eltern angewiesen (vgl. Jaede 2006, S. 23).

Sie halten häufig noch an kindlichen Bedürfnissen und Sehnsüchten fest. Hier besteht wiederum das Problem, dass die Eltern zu sehr in ihrer eigenen Problematik verhaftet sind, und dass die Kinder die mangelnde elterliche Unterstützung oder ihre Abwesenheit als Desinteresse und Missachtung der eigenen Person sehen.

Ein weiterer *Gefahrenpunkt in der kindlichen Entwicklung* ist es, wenn Eltern bei ihren Kindern Trost und Hilfe suchen. So kann die kindliche Persönlichkeitsentwicklung unterbrochen oder negativ beeinflusst werden. Wird die Entwicklung für einen längeren Zeitraum gestört, kann dies zu Identitätsproblemen führen (vgl. LBS-Initiative Junge Familie 1996, S. 44).

Die *Symptombildung* in diesem Alter umfasst sämtliche Reaktionen der vorangegangenen Altersstufen, sowie zusätzliches zu schnelles Erwachsenwerden und Gefühle wie Abscheu und Verachtung den Eltern gegenüber. Trennt sich die Familie in dieser Altersspanne des Kindes, entstehen sehr oft Selbstwertprobleme. Vor allem schämen sich Kinder gegenüber ihren Altersgenossen, bezüglich der Scheidung ihrer Eltern und fühlen sich stigmatisiert. Dieser Zustand kann aufgehoben werden, wenn die Kinder erklärt bekommen, dass auch andere Familien von Trennung und Scheidung betroffen sind. Aus diesem Grund sollten die Eltern darauf achten, Kinder dieses Alters besonders in ihrem Selbstwertgefühl zu stärken.

In der Vorpubertät ist das Bedürfnis nach familiären Beziehungen sehr wichtig. Im Gegensatz dazu gewinnt der gegenseitige Austausch mit Gleichaltrigen über Gefühle und Erfahrungen immer mehr an Priorität. In der Pubertät (ca. bis 15 Jahre) sind die Kinder sehr mit sich beschäftigt. Im Vordergrund steht vermehrt der Wunsch nach familiärer Ablösung, die Entwicklung eigener Zukunftsperspektiven, der eigenen Identität und Sexualität (vgl. Jaede und Zeller-König 1996, S. 7). Die Ablösung aus der Familie erfolgt und die Gruppe der Gleichaltrigen gewinnt an Bedeutung. Eine Trennung und Scheidung kann diese ersten Ablöseprozesse erschweren. Die Kinder übernehmen (weiterhin) oft zu viel Verantwortung in der Familie und wollen die alleinerziehenden Eltern nicht im Stich lassen.

In dieser Zeit ist eine heftige Ablehnung neuer Partner oder Stiefeltern nicht von Seltenheit. Die Reaktionen auf die elterliche Trennung und Scheidung können ebenso Gefühle wie Wut, Zorn, Trauer und Schmerz sein. Vielfach verbinden sich diese Empfindungen mit Schamgefühl und mit Gefühlen des Verlassenwerden. Vor allem Kinder in der Pubertät zeigen überraschend starke Schock- und Angstreaktionen auf eine elterliche Trennung. Drastische Reaktionen können plötzliche destruktive Ablösung vom Elternhaus, Kurzschlussreaktionen wie Weglaufen oder Ausreißen, frühe sexuelle Aktivitäten und die Vermeidung einer Auseinandersetzung mit den gegenwärtigen Problemlagen sein.

Andere reagieren mit Depressionen bis hin zum Suizid. In einigen Fällen kann es auch zu Bindungsangst, Bindungslosigkeit und zum Zweifel an der Dauerhaftigkeit eigener Liebesbeziehungen kommen. Manchmal versuchen sich die Heranwachsenden durch Eintauchen in Jugendkulte einen Familienersatz zu schaffen. Nicht selten kommt es auch zu Suchtverhalten, psychosomatischen Erkrankungen und Essstörungen (vgl. Jaede 2006, S. 23).

Es ist wichtig, dass Kinder in dieser Altersspanne zu keinem Partnerersatz werden und die Autorität der Eltern und die Generationsgrenzen gestärkt werden. Sehr viele Jugendliche setzen sich in dieser Phase noch einmal intensiv mit der Trennung ihrer Eltern auseinander und versuchen sie neu zu verstehen. Oft nehmen sie Kontakt mit Elternteilen auf, die sie über lange Zeit nicht gesehen haben. Abschließend lässt sich sagen, dass Kinder auf jeder Entwicklungs- und Altersstufe das Ereignis der elterlichen Trennung und Scheidung unterschiedlich erleben, sie erneut zu verarbeiten haben und die Hilfestellungen darauf abgestimmt werden müssen.

Je weiter ihre kognitive Entwicklung fortgeschritten ist, desto leichter ist es ihnen möglich, die entstehenden Probleme mit angemessenen Bewältigungsstrategien anzugehen und zu verarbeiten. Oft treten aber noch in späteren Altersstufen Fragestellungen und Probleme auf, die die Eltern gar nicht erwartet haben. Die kindlichen Reaktionen stellen vorerst noch *altersspezifische Bewältigungs-strategien* dar und sind noch keine Entwicklung- oder Verhaltensstörungen. Zu diesen werden sie erst, wenn man ihnen nicht rechtzeitig entgegenwirkt und sie sich verfestigen (vgl. LBS-Initiative Junge Familie 1996, S. 45).

6.3 Geschlechtsspezifische Reaktionen

Die Entstehung von langfristigen Störungen und unterschiedlichen Reaktionen bei Jungen und Mädchen sind von mehreren Einflussfaktoren abhängig und lassen sich nicht verallgemeinern. Wie Kinder auf Trennung und Scheidung reagieren und sie erleben, hängt von einer Vielzahl von Bedingungen ab. Diese Bedingungen können in der Person des Kindes liegen, wie Alter, Geschlecht, aber auch in den direkten Bezugspersonen, z. B. das Geschlecht des Elternteils, bei dem es sich aufhält (vgl. Napp-Peters 1987, S. 39). Jungen zeigen ihre einschneidenden Erlebnisse durch extreme Verhaltensauffälligkeiten, die schnell als störend empfunden werden. Der wutentbrannte *„Zappelphilipp"* oder

der stigmatisierte „*ADHS*" Typ, ist besonders auffällig – anders als bei Mädchen. Zudem ist die Hemmschwelle zum Ausprobieren von Rauschmitteln sehr niedrig. Aufgrund des unerträglichen Leids, lassen sich die betroffenen Heranwachsenden leichter beeinflussen. Im Anschluss an die Scheidung bleiben bei den Jungen die externalisierten Reaktionen, wie aggressives und oppositionelles Verhalten, bestehen. Sie sind fordernder, unruhiger und zeigen weniger Selbstkontrolle als das weibliche Geschlecht.

Bei den Mädchen hingegen standen die internalisierten Störungen, wie Depressionen und sozialer Rückzug im Vordergrund (vgl. Fegert 1999, S. 35). Jungen leben ihre Gefühle eher aggressiv oder durch Verhaltensauffälligkeiten aus (vgl. Strohbach 2002, S. 20). Sie stören in Schulklassen, äußern ihre Gefühle durch Aggressivität, Verhalten sich hyperaktiv oder sogar gewalttätig. Ebenso gibt es auch Jungen, die mit Konzentrationsschwierigkeiten und Rückzug reagieren. Hinzu lässt sich sagen, dass es ihnen sehr schwer fällt, ihre Gefühle und Wünsche direkt und genau in Worte zu fassen und sich Unterstützung bei anderen zu holen.

Mädchen hingegen ziehen sich eher zurück und behalten ihre Gefühle für sich. Sie entwickeln schon früh die Fähigkeit die Sicht der Erwachsenen zu verstehen und helfen viel im Haushalt mit (vgl. Strohbach 2002, S. 20). In dieser Situation neigen Mädchen zur Überanpassung, um den Erwartungen ihrer Bezugsperson zu entsprechen (Scheinreife) und übernehmen zu viel Verantwortung. Beispielsweise kümmern sie sich häufig um jüngere Geschwister. Damit „*verlassen*" sie ihre eigene Kindheit.

Diese Reaktionen werden nicht als Problemverhalten interpretiert, weil sie nicht auffallen und auch nicht als störend empfunden werden. Sie werden als „*unsichtbare Reaktionen*" bezeichnet. Aus diesen schützenden Verhaltensweisen entsteht oft der Eindruck, dass sie die Scheidung der

Eltern leichter verkraften und sie zunächst weniger belastend erleben (vgl. Strohbach 2002, S. 20). Das hieraus jedoch eine psychische Erkrankung durch eine *„innere Aggressivität"* entstehen kann ist sehr hoch. Essstörungen, Auffälligkeiten in der Persönlichkeit ist hier nur ein Anfang. Während also Jungen im Anschluss an eine Trennung oft früher auffällig werden, indem sie zum Beispiel aggressiv sind, laufen Mädchen Gefahr, in ihrer eigenen Hilfsbedürftigkeit *„übersehen"* zu werden (vgl. Jaede 2006, S. 25). Bei den Mädchen machen sich häufig Langzeitfolgen bemerkbar, sie leiden vielfach unter depressiven Verstimmungen, Ängsten, mangelndem Selbstvertrauen und psychosomatischen Problemen.

Auf lange Zeit gesehen, sind Mädchen weit intensiver von der elterlichen Trennung bzw. Scheidung betroffen, als Jungen. Das liegt vorrangig daran, dass sie sich besser den veränderten Lebensbedingungen anpassen, ihre Probleme stärker verinnerlichen und ihrem empfundenen Schmerz nicht so deutlich Ausdruck verleihen, wie es bei Jungen der Fall ist. Nach Wallerstein und Blakeslee (1990) wird dieser Effekt als der *„sleepers effect"* bezeichnet. In jedem einzelnen Fall nagen aber die Gefühle von Traurigkeit und dem schmerzlichen Verlust, die zunächst nach außen hin verborgen sind, stark an ihnen. Diese Gefühle zeigen sich aber meistens erst, wenn sie die Adoleszenz erreichen.

Ein Grund für die unterschiedlichen Reaktionen der Geschlechter kann in der immer noch präsenten gesellschaftlichen Rollenerwartung von Jungen und Mädchen liegen. Mädchen haben in der Mutter eine gleichgeschlechtliche Ansprechpartnerin, mit der sie die Gefühle und Probleme ansprechen können, sie können sich an ihr orientieren und mit ihr identifizieren. Dies gibt ihnen Sicherheit. Während Jungen besonders unter der Abwesenheit des Vaters leiden und es ihnen auch weniger gestattet ist, Gefühle oder Trauer zu zeigen, z. B. *„Ein Indianer kennt keinen Schmerz!" „Du wirst doch nicht flennen wie ein Mädchen!"* Mögliche erklärende Faktoren dafür, dass Jungen stärker von einer Scheidung betroffen sind als Mädchen und vermehrte Anpassungsschwierigkeiten und Verhaltensauffälligkeiten zeigen, sind z. B. die erhöhte Problembelastung des Mutter-Sohn-Verhältnisses.

Jungen reagieren sowohl unmittelbar, als auch längerfristig negativer auf die veränderte Lebenssituation, als Mädchen (vgl. Nepp-Peters 1987, S. 39). Dies ist vor allem dann der Fall, wenn sie über einen längeren Zeitraum hinweg bei einer allein lebenden Mutter verbleiben, und kein Kontakt zum Vater oder einer anderen männlichen Bezugsperson (z. B. Großvater, Onkel usw.) besteht.

Söhne erhalten nach der Scheidung meist weniger Zuwendung von ihrer gesamten Umgebung, wie Mütter, Lehrer und Spielkameraden, als die Töchter. Erklärungen hierfür können vielschichtig sein. Einerseits kann es durch den traditionellen Erziehungsstil oder auch durch das meist störende, auffällige Verhalten der Jungen bedingt sein (vgl. Figdor 1997, S. 64). Ein weiterer Ansatzpunkt ist, dass Jungen die Mutter eher an den Vater erinnern und so negative Gefühle bei ihr auslösen. Außerdem empfindet die Mutter die Jungen als eine größere Belastung, denn Mädchen agieren vermehrt im Haushalt und tragen so zur Entlastung der Mutter bei. Besonders in der *postödipalen Phase* identifizieren sich die Mädchen mehr mit der starken Mutter, wohingegen sich die Jungen sehr schwach fühlen, da ihnen der Identifizierungspartner fehlt (vgl. Strohbach 2002, S. 19).

Wird Jungen die Rolle des Partnerersatzes für die Mutter übertragen, dann fühlen sie sich schnell überfordert und es kommt zu Konflikten zwischen ihnen und der Mutter. In dieser ambivalenten Rolle bringen sie der Mutter weniger Respekt entgegen und sind auch weniger kontrollierbar und steuerbar. Jungen leiden sehr unter der Abwesenheit des Vaters. Sie können diese Emotionen jedoch nicht ausleben und neigen dazu, sich selbst zu überschätzen und ihre Ängste und Schwächen durch ein besonders starkes Auftreten zu überdecken.

Im Grunde leiden sie aber sehr unter der Trennungssituation, und erleben dieses sehr schmerzlich. Hier müssen Eltern ihnen in ihrer Trauer und Verzweiflung zur Seite stehen, vor allem ohne dass sie *„ihr Gesicht verlieren"*.

Amato und Keith (1991) stellten außerdem fest, dass Jungen von einer Wiederheirat der Mutter mehr profitierten als Mädchen. Die Konflikte zwischen Mutter und Sohn werden durch die Anwesenheit eines Stiefvaters sogar positiv beeinflusst. Mädchen wiederum haben äußerst Schwierigkeiten den Stiefvater in *„ihrer Welt"* zu akzeptieren.

Lebt ein Mädchen bei ihrem sorgeberechtigten Vater, ist die Gegenwart der im Haushalt lebenden Stiefmutter eine immense Erleichterung für das Kind. Vorausgesetzt der leibliche Elternteil wird nicht schlecht gemacht. In diesem Zusammenhang muss die unterschiedliche Psychodynamik von Mädchen und Jungen in einer Scheidungsfamilie dringend Beachtung finden. Lebt der Junge bei der Mutter, versucht er die Rolle des aus dem Hause gegangenen Vaters zu übernehmen. Hier fühlt er sich wie *„der Mann im Haus"*. Dadurch erfährt die Mutter eine Entlastung, da sie zusätzlich väterliche Aspekte auf ihn überträgt. Das Mädchen hingegen kann sich durch die Abwesenheit des Vaters in der geschlechtlichen Identifikation abgelehnt fühlen (vgl. Fegert 1999, S. 37).

Im Großen und Ganzen leiden sowohl Mädchen als auch Jungen sehr unter der Trennung und Scheidung ihrer Eltern. Durch gegenseitige Abwertung ihrer Eltern, wie sie bei Trennungen und Scheidungen sehr häufig vorkommt, verinnerlichen sie negative Elternbilder und entwickeln dadurch Selbstwertprobleme. Hier erfolgt eine Erschwerung einer positiven weiblichen oder männlichen Rollenübernahme. Besonders in der Pubertät kann der fehlende Bezug zu beiden Eltern beiden Geschlechtern zu schaffen machen. Sehr oft wechseln die Kinder in dieser Altersgruppe vom Vater zur Mutter oder umgekehrt, um den anderen Elternteil auch noch im Alltag erleben zu können. Einige Scheidungskinder stürzen sich in frühe Beziehungen, andere wiederum haben Angst vor festen Partnerschaften oder trauen sich nicht, ihren eigenen Standpunkt zu vertreten. Hier ist es sehr wichtig mit Jugendlichen aus Trennungsfamilien zu sprechen und ihnen Mut zu machen, sich *"auf die Liebe einzulassen"*.

6.4 Kindliche Reaktionen in einzelnen Trennungs- und Scheidungsphasen

Fast jeder Elternteil fürchtet nach einer Trennung gravierende psychische Veränderungen bei ihrem geliebten Kind. Allerdings ist die Entwicklung *seelischer Störungen* von einigen Faktoren abhängig. Zu einem spielen das Alter des Kindes, die seelisch Grundverfassung, der persönliche Entwicklungsstand, als auch die ganz individuellen Fähigkeiten zur Angstbewältigung und Anpassung an die veränderte Situation eine große Rolle. Insbesondere die Kontinuität und die Qualität der Beziehungen zu Mutter und Vater vor, als auch nach der Trennung sind ausschlaggebend für das kindliche Erleben des Trennungsprozesses.

Die Scheidung der Eltern stellt einen komplexen, ganzheitlichen Prozess dar, der auf unterschiedlichen Ebenen und nicht zeitgleich verläuft (vgl. Oerter und Montada 1998, S. 1101). Dadurch lässt sich der Scheidungsprozess in unterschiedliche Phasen einteilen. Die deutschen Phasenkonzepte entwickelten sich in Anlehnung an die amerikanische Scheidungsforschung. Die bekanntesten Autoren im amerikanischen Bereich sind Framo 1980; Kressler, Jaffee, Tuchmann, Watson und Deutsch 1980 und Paul 1980 (vgl. Langenmayr und Kardas 1996, S. 47). Die einzelnen Scheidungsphasen lassen sich anhand der kennzeichnenden Ereignisse und Belastungen von Eltern und Kind beschreiben. Die Anpassungsleistungen der Betroffenen an die veränderte Lebenssituation stehen hier im Vordergrund. Die individuellen Reaktionen von Eltern und Kind nehmen einen gravierenden Einfluss auf die Situation (vgl. Jaede und Zeller-König 1996, S. 11). Anhand eines Verlaufsmodells der Stressbewältigung unterscheiden Auerbach, Stolberg (1987) und Lazarus (1991) vier Zeiträume der Trennungsbewältigung, die in 5.1 ausführlich erläutert wurden. Infolgedessen möchte ich Ihnen *das Erleben der Kinder und ihre Reaktionen* während dieser maßgebenden Zeit deutlich veranschaulichen.

6.4.1 Ambivalenzphase

„Mama, wann vertragt ihr euch wieder?"

„Ich will lieber bei Oma schlafen, da ist es gemütlich und ich muss eure lauten Stimmen nicht mehr hören. Im Bett drücke ich ganz fest mein Ohr ins Kopfkissen, und auf dem anderen Ohr liegt mein Teddy. Trotzdem kann ich nicht schlafen, weil alles in meinem Kopf hin und her saust. Ich weiß nicht was passiert."

Durch die ständigen Ehekonflikte, die sich zunehmend verschärfen, das Misstrauen und die heftigen Diskussionen, befindet sich das Kind hier in einer Phase der ständigen Verunsicherung, d. h. es rechnet jederzeit damit von den Eltern alleingelassen zu werden (vgl. Menne et al. 1997,

S. 43). In dieser Phase kann sich das elterliche Verhalten, z. B. das hohe Streitpotential, die hohe Konfliktfixierung und die geringe Verfügbarkeit für das Kind, in den unterschiedlichsten kindlichen Verhaltensweisen äußern. Es entwickelt ein *„kindliches Scheidungstrauma"* (vgl. Figdor 1997, S. 60, 1998, S. 31).

Das Kind zeigt Ängste, Ohnmacht und somit zunehmende Unsicherheit durch die hohe Ungewissheit. Diese Erkennungszeichen sind bereits vor bzw. spätestens mit Beginn der Ehekrise erkennbar. Menschenkinder brauchen ihre Eltern viel länger als sämtliche andere Lebewesen. Kinder sind sich der Tatsache sehr wohl bewusst, dass sie völlig von den Erwachsenen abhängig sind. Aus diesem Grund haben sie eine sehr große und reale Angst davor, allein gelassen zu werden. Ein Kind reagiert deshalb auch schon in dieser Zeit vor der Scheidung mit sofortigen Ängsten.

Wenn die Familie zerbricht, fürchtet es, sein Lebensnerv könne getroffen werden. Für Kinder ist eine Scheidung ein völlig anderes Erlebnis als für Erwachsene, weil die Kinder etwas verlieren, das für ihre Entwicklung fundamental ist: die geordnete Struktur der Familie, die bereits lange vor der eigentlichen Scheidung zu bröckeln beginnt. Hinzu kommt, dass das Kind nicht mehr zuordnen kann, welche Ursachen dem Streit der Eltern zugrunde liegen und bezieht die zunehmenden Auseinandersetzungen auf sich. Es fühlt sich immer mehr verantwortlich für die Aufrechterhaltung der elterlichen Beziehung und somit entsteht hier die große Gefahr, dass das Kind sich zur *„Allianzbildung"* mit einem Elternteil verpflichtet fühlt (vgl. Wallerstein und Blakeslee 1989, S. 35).

In dieser Phase wird es seine eigenen Gefühle und Bedürfnisse immer mehr unterdrücken, um die *„Allianz"* nicht zu gefährden. Dieses Verhalten führt dann zum Rückzug auf emotionaler und sozialer Ebene und somit auch zu Erarbeitung defensiver Bewältigungs- und Problemlösungsstrategien. Während der Ehekrise stellt das Kind eine wichtige emotionale Stütze für die Eltern dar. Dies ist auch weiterhin so, auch wenn es seine Funktion als Lebensmittelpunkt der Eltern verliert. Im Konflikt der Eltern wird ihm die wichtige Position übertragen. Zudem kann ihm auch die Rolle als Bündnispartner bei einer Koalitionsbildung zukommen (vgl. Menne et al. 1996, S. 43).

In einer anderen, aber auch nicht positiveren Lage befindet es sich, wenn es als Partnerersatz, für einen Elternteil, zum Vertrauens- und Geheimnisträger wird. In dieser Position fühlen sich Kinder wichtig und anerkannt. Außerdem kann es durch die Betreuung der Geschwister oder die Übernahme häuslicher Pflichten zum Elternersatz werden. In dieser Rolle muss es Ansprüchen und Wünschen genügen, die sonst nur Erwachsene erfüllen können. Die Rollendelegation und die damit verbundene Einbeziehung des Kindes in den elterlichen Konflikt stellen für die Erwachsenen eine spezifische Form der Konfliktlösung dar.

Zusätzlich werden Kinder in die Auseinandersetzungen der Eltern häufig hineingezogen, müssen Partei ergreifen oder versuchen durch ihre *„Hilfsmechanismen"* wie Auffälligkeiten, Ungehorsam, extreme Liebesbedürftigkeit, Krankheitssymptome usw. von den Ehekonflikten der Eltern abzulenken (vgl. Textor 1990a, S. 201). Manche Kinder bemühen sich durch besonders angepasstes und unproblematisches Verhalten die Eltern als Paar wieder zu gewinnen. Sie versuchen beim elterlichen Streit eine Vermittlerposition einzunehmen und machen immer wieder Versöhnungsversuche zwischen den Eltern, um wieder eine glückliche Familie zu sein.

Kinder reagieren ganz sensibel auf Stimmungsschwankungen der Eltern und bemerken die zunehmende Distanz zwischen ihnen und nehmen schon die geringsten Abweichungen im Familienalltag wahr (*„Papa hat Mama beim*

Abschied keinen Kuss gegeben."), sie sind irritiert und misstrauen ihrer eigenen Wahrnehmung, wenn sie auf ihre Fragen nach dem Grund der von ihnen registrierten Veränderungen ausweichende oder beschwichtigende Antworten bekommen.

Die Kommunikation innerhalb der Familie verändert sich, auch wenn es den Beteiligten zu diesem Zeitpunkt noch nicht bewusst ist. Für Kinder bedeutet dies die Auslieferung an bisher ungewohnte Beziehungsmuster der Eltern. Kinder sind sehr feinfühlig und wachsam, sie bemerken schnell, wenn die Eltern traurig und unglücklich sind (vgl. Figdor 1997, S. 60).

Sie können ihre Gefühle nicht in Worte fassen, sie nicht ausdrücken, aber sie wissen bzw. spüren ganz genau was geschieht. Die Entwicklung der Elternbeziehung von der Entfremdung bis hin zur vollzogenen und gesetzlichen Trennung ist für Kinder deshalb von großer Bedeutung, da sie den ganzen, oft jahrelangen Weg mitgehen und über lange Zeit unter den großen Auseinandersetzungen der Eltern leiden.

Es wird ihnen zu Beginn des Konfliktgeschehens nichts erläutert, sie haben keine Kontrolle über das Geschehen und verstehen nur zum Teil, oder manchmal auch gar nicht, was eigentlich passiert. Hierzu ein Beispiel aus meiner Praxiserfahrung:

> *„Da war mein Papa*
> *und es lief ein wahnsinniger Streit.*
> *Ich glaube es ging um Geld*
> *oder vielleicht auch um mich.*
> *Ich glaube ich war Schuld.*
> *Es sah ganz so aus,*
> *als wollte er Mama was antun.*
> *Papa hat Mama nie wehgetan.*
> *Aber dann haute er Mama und hat sie festgehalten.*

*Mama hat geschrieen und irgendwas gerufen,
bis sie sich losmachen konnte
und einen Leuchter zu fassen kriegte."*

Sehr vielen Scheidungen gehen jahrelange Konflikte der Eltern voraus, die die Kinder miterlebt und als große Belastung empfunden haben. Die Kinder brauchen die Zusicherung, dass selbst Streit, der zum Ende des bisherigen familiären Zusammenlebens führt, nicht das Ende der familiären Beziehung bedeuten muss. Auch wenn das Auseinandergehen noch das Einzige ist, auf das sich zerstrittene Paare einigen können, so bleibt es ihre Aufgabe und ihre Verantwortung, die Kinder aus allen Auseinander-setzungen um die Auflösung der Ehe herauszuhalten.

Dazu gehört auch, dass ein Ehepaar mit dem Kind darüber spricht, welche Schwierigkeiten es mit dem andern Elternteil hat. In dieser Zeit ist es sehr wichtig, dem Kind bestimmte Botschaften zu übermitteln, wie zum Beispiel:

- „Der Streit geht nur uns Eltern etwas an, er hat nichts mit dir zutun."
- „Wir Eltern werden mit unseren Schwierigkeiten allein fertig."
- „Selbst wenn wir so streiten, dass wir auseinander gehen, haben wir dich weiterhin sehr lieb
- und werden uns um dich kümmern."

Daher ist es sehr wichtig, den Kindern immer wieder zu versichern, dass es sich bei Streit oder Konflikten zwischen Mutter und Vater um eine Angelegenheit nur dieser zwei Personen handelt. Kinder können besser damit umgehen, wenn sie kurz informiert werden, dass die Eltern sich uneinig sind, dies aber nichts mit ihnen zutun hat, als wenn sie darüber Phantasien entwickeln oder in die Konflikte der Eltern mit hineingezogen werden.

Zusammenfassend lässt sich sagen, dass die Situation in der Ambivalenzphase für die Kinder sehr anstrengend und verunsichernd ist. Streitereien, unschöne Auseinandersetzungen oder Befangenheit der Eltern vor der Trennung lösen bei Kindern Ängste, Schuldgefühle, Verunsicherungen oder Liebesentzug aus.

Sie wissen nicht, wer für sie in der Erziehung zuständig ist, wie die Zukunft aussieht und sie haben große Angst, dass die Eltern bei ihren heftigen Auseinandersetzungen die Kontrolle verlieren und nicht mehr für sie sorgen könnten. Nehmen sich die Eltern aber Zeit für ihre Kinder und erklären ihnen diese Situation, kann unter Umständen eine Trennung oder Scheidung sogar als eine Art Befreiung aus diesem unschönen Geschehen verstanden werden, die Entspannung und Beruhigung hervorruft.

6.4.2 Trennungsphase

„Mama, wenn ich ganz lieb bin, kommt dann der Papi wieder zu uns zurück?"

Die Phase der Trennung stellt einen großen Einschnitt in das kindliche Leben und Erleben dar. Sie erleben, wie Möbel aus der Wohnung getragen werden, vielleicht noch ein heftiger Streit ausbricht, wie ein Elternteil wegfährt und die Kinder mit Mutter, Vater oder den Geschwistern alleine zurückbleiben. Diese *Szene* prägt sich bei vielen Kindern unauslöschlich ein. Durch die veränderte Situation sind sie stark verunsichert und häufig mit ihren eigenen Gefühlen und Ängsten überfordert. Dazu kommt, dass die Kinder überhaupt nicht darauf vorbereitet sind, dass ihre Beziehungen zu den beiden Eltern von etwas anderem abhängig sein könnten, als von der gegenseitigen Liebe zwischen den Eltern und ihnen. Das heißt, das Kind kann vielleicht verstehen, dass Mama und Papa oft streiten, vielleicht auch, dass sie sich nicht mehr lieb haben.

„Aber warum geht er denn auch von mir?"
„Papa kann doch in einem anderen Zimmer wohnen. Er hat doch noch mich!"

Diese Aussagen lassen deutlich werden, dass Kinder die Trennung und Scheidung auf sich beziehen. Sie fühlen sich von ihrem ausziehenden Elternteil verraten und verlassen oder sind wütend auf den verbliebenen Elternteil, weil dieser die Trennung zugelassen hat oder sogar noch die treibende Kraft war. Viele Kinder sind aggressiv und zerstörerisch, während andere mit Rückzug, Depressivität, Verlust an Interessen und Apathie reagieren. Nicht selten ist, dass Kinder sich auch selbst die Schuld am Auzug eines Elternteiles geben, vor allem gerade dann, wenn die Trennung aus *„heiterem Himmel"* erfolgt.

Aussagen von Kindern wie:

- *„Ich bin nicht brav gewesen."*
- *„Ich habe keine guten Noten."*
- *„Ich habe nicht auf Mama und Papa gehört."*
- *„Ich habe nicht zu Hause mitgeholfen"*, äußern ihre Schuldzuweisungen an sich selbst.

Zusätzlich reagieren sie mit Symptomen wie Einnässen, Einkoten, Regressionen, Schlafstörungen,

- Trennungsängsten usw. Einen weiteren wichtigen Punkt stellt die veränderte kindliche Lebenssituation

dar. Es ist sinnvoll, das soziale Umfeld, wie Schule und Kindergarten über die elterliche Trennung zu informieren. Denn nur so ist es auch dem betreuenden Personal möglich, auf die veränderte Situation bzw. das Verhalten des Kindes angemessen zu reagieren. Ein eventuell bevorstehender Umzug wirkt sich auf den Freundeskreis aus, denn hier wird die Möglichkeit der Beziehungspflege wahrscheinlich eingeschränkt (vgl. Werneck und Werneck-Rohrer 2003, S. 21).

Ein weiteres wichtiges Feld, das der Veränderung unterworfen sein kann, ist die Geschwisterbeziehung und der Kontakt zu dem Elternteil, bei dem das Kind seinen gewöhnlichen Aufenthalt hat. Des Weiteren ergeben sich Einschränkungen in der Verfügbarkeit des außer Haus lebenden Elternteils. Hier wird wieder die Bedeutung der familiären Triangulation ersichtlich (vgl. Jaede und Zeller-König 1996, S. 11).

Kinder sind gerade in dieser Phase auf die emotionale Unterstützung und den äußeren Halt des sozialen Umfeldes und vor allem der Eltern angewiesen. Aus diesem Grund ist es sehr sinnvoll und notwendig, ihnen verständliche und altersgerechte Informationen z. B. zum Beweggrund der Trennung zukommen zu lassen, damit vermieden wird, dass sie sich wieder als Verursacher sehen.

6.4.3 Scheidungsphase

Die endgültige Mitteilung der Eltern, dass sie sich scheiden lassen wollen, hat eine entscheidende Auswirkung auf das Kind. Die Atmosphäre im Umfeld des Kindes verändert sich. In dieser Phase bestimmen Bitterkeit, Hass- und Rachegefühle die familiäre Stimmung. Sie dienen der Verfestigung der elterlichen Machtposition gegenüber dem jeweiligen *„Konkurrenten"*. In der Scheidungsphase sind die Eltern am tiefsten in ihren Rache- und Geltungsgefühlen involviert, so dass hier die Gefahr der Vernachlässigung des Kindes auf emotionaler aber auch allgemeiner Basis sehr groß ist. Vor allem leidet das Kind unter den *Loyalitätsforderungen* beider Eltern (vgl. Menne et al. 1997, S. 48). Die elterlichen Diskrepanzen gehen weit über das eigentliche Scheidungsgeschehen hinaus. Hierbei geht es um das Sorge- und Unterhaltsrecht und die zukünftigen Besuchsregelungen. Weiterhin müssen die Kinder sich mit neuen Bezugspersonen, wie Richtern, Anwälten und Vertretern des Jugendamtes auseinander-setzen. Wenn Eltern ihren Kinder die Scheidungspapiere zeigen, vielleicht noch vorlesen, zerschmettert das gesamte Familienbild.

Das Kind verliert „den Boden unter den Füßen", welches die Eltern dann „schwarz auf weiß" im Hausaufgabenheft stehen haben, dass Ihr Kind einen Klassenkameraden verprügelt hat, oder eine Fensterscheibe zerstörte. Die Symptomatik, die die Kinder in der Scheidungsphase entwickeln, steht häufig im direkten Zusammenhang mit dem Verlust des einen Elternteils, sowie den damit verbundenen Gefühlen von Wut, Macht- und Hilflosigkeit. Diese Empfindungen fühlen Kinder, weil sie mit ihren Versöhnungsversuchen gescheitert sind.

Des Weiteren können noch Empfindungen wie Wertlosigkeit, Einsamkeit und die Angst vor einer nicht planbaren Zukunft hinzukommen. Auf solche Gefühle reagieren die Kinder in ihrer Notlage meist mit Verhaltensauffälligkeiten. Außerdem erschweren Gefühle, wie Ohnmacht, Hilflosigkeit und Resignation die Verarbeitung der bestehenden Situation.

In dieser Phase werden die depressiven Scheidungsreaktionen der Kinder, die sich von einem aktiven normalen Trauer- und Verarbeitungsprozess unterscheiden, deutlich (vgl. Sandler und Joffe 1980). Hier ist anzumerken, das die depressiven Erscheinungen ähnlich wie die *ängstliche Überangepasstheit*, häufig von den Eltern nicht bemerkt werden. Sie rufen keine massiven Probleme hervor.

Die *kindlichen Reaktionen* sind stark von dem Ausmaß der Schuld und des Schamgefühls, sowie dem Maß der passiven Strategien, wie Verleugnung und der mit dem ganzen Geschehen verbundenen Angst, auch noch den anderen Elternteil zu verlieren, abhängig. Weitere kindliche Mechanismen und Reaktionen können z. B. psychosomatische Reaktionen wie Bauchweh, Erbrechen und Einnässen sein. Zudem kann das Kind auch mit anderen Verhaltensweisen wie Clownerie, Delinquenz und Diebstahl auf den seelischen Schmerz, den ihm die Eltern zugefügt haben, reagieren. Bei diesen Symptomen und Reaktionen kann es sich um zeitlich begrenzte Probleme oder Entwicklungsstörungen handeln.

Darüber hinaus können sich bei diesen *„Auffälligkeiten des seelischen Gleichgewichts"*, die die Ehekrise bei dem Kind hinterlassen hat, neurotische Störungen entwickeln. Diese Variante tritt häufig in den Fällen auf, in denen es dem Kind nicht mehr gelingt, die Ängste mit den ihm zur Verfügung stehenden Abwehrmechanismen zu verdrängen (vgl. Jaede und Zeller-König 1996, S. 12). Erst nach und nach ist eine Stabilisierung der inneren und äußeren Lebensumstände der Elternteile möglich. Jeder muss für sich einen neuen Lebensstil entwickeln. Nach der räumlichen Trennung verlieren auch die elterlichen Auseinandersetzungen mit der Zeit an Emotionalität und Aggressivität und es wird versucht, sie auf einer sachlichen Ebene weiter zu führen. Aber auch für die Kinder werden ihre zukünftigen Lebensbedingungen mit der Zeit klarer und eindeutiger.

6.4.4 Nachscheidungsphase

Diese Phase lässt sich ganz klar gegenüber den anderen Phasen abgrenzen. Sie hat einen eindeutigen Beginn, nämlich die juristische Scheidung. Dieser Zeitraum beinhaltet ganz spezifische Konflikte der Eltern und Kinder und findet ihren Abschluss mit dem emotionalen Scheidungsprozess. Sie kann unter Umständen das ganze restliche Leben der Ex-Ehepartner beeinflussen (vgl. Menne et al. 1997, S. 52).

Die Nachscheidungsphase lässt sich im Bezug auf die Bewältigung der elterlichen Scheidung in mehrere Phasen unterteilen. Heute sprechen wir von einem mindestens dreiphasigen Verlauf der Scheidungsbewältigung. Hierdurch wird der Übergang zur Ein-Eltern-Familie mit bestimmt. In der ersten Phase bindet sich das Kind verstärkt an die Mutter, da der Vater durch seinen Auszug die Trennung auch für das Kind sehr anschaulich vollzogen hat. Anschließend kommt es erst zu einer emotionalen Distanzierung innerhalb der Mutter-Kind-Beziehung. Dieser Distanzaufbau hat eine Umstrukturierung des sozial-emotionalen Beziehungssystems zur Folge. Erst in der dritten und auch letzten Phase findet die notwendige Stabilisierung und Reorganisation des Familiensystems statt.

Die Inhalte des Drei-Phasen-Modells werden als *„Akute Phase"*, *„Übergangsphase"* und *„Stabilisierungsphase"* bezeichnet. Hierbei wird durch die konkrete Bezeichnung, auch die Funktion dieser Phasen mit angegeben. Wenn Eltern sich an diesen Phasen orientieren, kann diese Art *„des roten Fadens"* während des Trennungsprozess eine gute Stütze sein (vgl. Langenmayr und Kardas 1996, S. 48).

Die Bewältigungsaufgaben der Nach-Scheidungsphase sind sowohl für Kinder als auch Eltern, eng mit der Bewältigung der veränderten Lebensumstände und Beziehungserfahrungen verbunden. Dies bezieht sich auf den Verlust der gewohnten und vertrauten Umgebung, durch Umzug, durch die veränderte finanzielle Stellung und den Verlust des sozialen Beziehungsnetzes.

Es besteht aber auch die mögliche Variante, dass die Mutter wieder zurück in ihr Elternhaus zieht und dort eventuell zur großen Schwester des Kindes wird, da die Großeltern wieder die Elternposition einnehmen (vgl. Figdor 1998, S. 26). Durch das Scheidungsgeschehen geht auch mit der Mutter eine Veränderung vor sich.

6 Das Erleben der Kinder und ihre Reaktionen...

Diese ist für das Kind sehr schwer zu begreifen, da sie, vor der Scheidung, die primäre Bezugsperson für das Kind darstellte, und die Beziehung sich in den letzten Phasen eher noch intensiviert hat. Faktoren, die auf das Verhalten der Mutter einwirken, sind:

- psychische, ökonomische und soziale Belastungen
- affektive Reaktionen des Kindes und
- neue Empfindungen der Mutter, wie Schuldgefühle und Aggressionen gegenüber dem Kind.

Alle diese Faktoren tragen zu einer Einstellungs- und Verhaltensänderung der Mutter bei. So ist es möglich, dass sie gegenüber dem Kind eine geringere Toleranz aufbringt und mehr Selbständigkeit und Anpassung von ihm einfordert. Die Neigung zu affektiven Reaktionen und der Konfliktverleugnung tragen immer mehr zur Entfremdung der Mutter gegenüber dem Kind bei.

Phantasien des Kindes beeinträchtigen die Mutter-Kind-Beziehung. So stellt es sich z. B. vor, dass die Mutter den Vater absichtlich weggeschickt hat, um es zu bestrafen. Durch dieses Verhalten der Mutter erfahren die Erkenntnisse des Kindes, z. B. *„dass Liebe nicht ewig dauert"*, eine Verstärkung (vgl. Figdor 1997, S. 62).

Diese entstandene paradoxe Sichtweise ist dafür verantwortlich, dass es dem Kind nicht gelingt, die elterliche Trennung zu verarbeiten und dies für sich selbst zu einem Ende zu bringen.

Das Kind braucht hierzu verstärkte liebevolle Zuwendung und Verständnis. Diese kommt jedoch zu kurz, da es durch das veränderte Verhalten der Mutter eher zu einer Vernachlässigungstendenz kommt. Daraus lässt sich ein sich selbst bedingender Kreislauf bilden. Somit verlieren die Kinder in der Nachscheidungsphase nicht nur den väterlichen Elternteil, sondern auch noch den liebevollen und bemühten Teil der Mutter.

Ein weiterer wichtiger Punkt kommt dem Wegfall der *Triangulierung* zu, denn durch den Verlust der väterlichen Position, gewinnt die Mutter an zusätzlicher Macht. Die bereits vorhandenen Ängste des Verlassenwerden werden dadurch noch unterstützt und so kommt es häufig zu einem Zusammenbruch des gesamten *kindlichen Abwehrsystems* (vgl. Figdor 1997, S. 63). Unter dem Abwehrsystem wird das psychische Gleichgewicht verstanden, welches das Kind sich im Laufe seines Lebens unbewusst aufgebaut hat.

Denn nur mit dessen Hilfe ist es dem Kind möglich, seine *innerpsychischen Konflikte* zu bewältigen. Kommt den Kindern in diesem Fall keine gezielte Hilfe von außen zu, kann es zu Regressions- und *Destrukturierungsprozessen* kommen. Ist davon auch die psychische Organisation betroffen, können neurotische Störungen auftreten (vgl. Figdor 1998, S. 27). Die kindlichen Reaktionen in der Nachscheidungsphase hängen weitestgehend vom Belastungsausmaß der mütterlichen Objektbeziehung ab. Hier hat das Kind auch noch vielfältigere Aufgaben zu bewältigen, einerseits muss es die Beziehungsveränderung zu seinen Eltern und den Verlust eines Elternteils verarbeiten. Der hierzu notwendige Trauerprozess bedarf aber auch des Raumes, damit die Loslösung gelingen kann (vgl. Menne et al. 1997, S. 54).

Hier stellt sich das Problem, dass das Loslassen sich schwieriger gestaltet, als wenn man einen Menschen durch den Tod verliert. Denn obwohl der Tod ebenso ein einschneidendes und trauriges Erlebnis ist, ist hier eine gemeinsame Trauer und Bewältigung möglich. Das Kind erlebt hier einerseits eine nazistische Kränkung durch den Tatbestand des Verlassenwerden und andererseits erhält es die Hoffnung aufrecht, dass der verlorene Elternteil wieder zurückkehrt. In den Fällen der Trennung und Scheidung gestaltet sich die Identifikation mit dem abwesenden Elternteil schwieriger.

Findet eine kindliche Identifikation statt, ist die Gefahr, dass es von dem verbleibenden Elternteil Ablehnung erfährt, sehr groß. Durch diese belastete Situation wird dem Kind, die Verarbeitung der Scheidung sowie die notwendige Identitätsbildung, zu der das Kind das Bild beider Eltern bedarf, sehr erschwert. Gelingt es den Eltern nicht, die beiden Rollen (Paar und Eltern) getrennt von einander zu sehen, dann bleibt auch das Kind in dem unbewältigten elterlichen Konflikt verhaftet (vgl. Menne et al. 1997, S. 55).

Abschließend lässt sich hier sagen, Aufgabe der Eltern in der Nachscheidungsphase muss es sein, die psychische Scheidung zu verarbeiten. Damit es den Kindern möglich ist, sich zu lösen und eine eigene Persönlichkeit zu entwickeln, bzw. weiterzuentwickeln, benötigen sie alle Energie, um den Fortgang eines Elternteils zu bewältigen. Erfolgt dieser notwendige Schritt nicht, dann können sich die weiter bestehenden Scheidungskonflikte auf das gesamte weitere Leben, bis in die zu gründende Familie hinein, auswirken.

„Das Wichtigste,
das ein Vater für seine Kinder tun kann,
ist, ihre Mutter zu lieben."

Henry Ward Beecher

6.5 Kindliche Ausdrucksformen zum Erkennen von Trennung und Scheidung

„Schau hin! Das was ich Ausdrücke, so geht es mir."

Für Kinder ist die Welt etwas ganz interessantes und spannendes, die *„erforscht"* werden muss. Das Hören von Geräuschen, das Sehen von interessanten Dingen, das Riechen von ungewöhnlichen Düften, ein Fühlen von Gegenständen, sowie das Schmecken von genießbaren oder ungenießbaren Dingen, sind äußerst aufregend und werden entsprechend zugeordnet und klassifiziert. Hierbei suchen Kinder nach Formen und Möglichkeiten, auf denen sie ihre vielfältigen Eindrücke niederlassen können, in dem sie versuchen *„Rastplätze"* zu finden, wo sie die positiven aber auch negativen Eindrücke noch einmal (nach)spüren, (nach)handeln, und (nach)ordnen können.

Im Hinblick darauf haben Kinder sehr verschiedene Wege zur Verfügung:

- Bereich des Verhaltens,
- Bereich des Spiels,
- Bereich der Bewegung,
- Bereich der Sprache/des Sprechens,
- Bereich der Träume,
- Bereich des Malens und Zeichnens.

Diese *sechs Ausdrucksfelder* bieten den Kindern die Möglichkeit, sich mit entsprechenden Eindrücken noch einmal zu beschäftigen. Dabei handelt es sich weniger um eine bewusste Entscheidung der Kinder für eine gewählte Ausdrucksform, als vielmehr um eine unbewusste Handlung, die *„einfach"* genutzt wird, ganz im Sinne der Erlebnisqualität, wobei das Unterbewusstsein der Kinder den entsprechenden Ausdrucksweg sucht (vgl. Krenz 1996, S. 19). Erleben Kinder eine Trennung und Scheidung ihrer Eltern als sehr schmerzhaft, drücken sie diese Erlebnisse oft auch im Spiel aus. Hier stellen sie ihre Wünsche und Träume dar, oder spielen z. B., dass sie nicht mehr leben (in Form von *„sich- Tot-stellen"*).

Besonders in der Ausdrucksform im Malen und Zeichnen, welche im Folgenden ausführlicher erläutert wird, beschäftigen sich die Kinder nochmals mit zurückliegenden

Ereignissen und setzen sich nachträglich mit ihnen auseinander um das Erlebte zu verarbeiten.

Es könnte fast gesagt werden, dass alle Ausdrucksfelder, besonders im Malen und Zeichnen, eine therapeutische Wirkung beinhalten: *„Heilung durch Ausdruck!"*.

6.5.1 Kinderzeichnungen – Mitteilungen der Seele

Vor einigen Monaten ist ihr Vater ausgezogen. Das Bild zeigt, wie sie die verschiedenen Stadien vom Miteinander zum Gegeneinander ihrer Eltern wahrgenommen hat (Abb. 6.1). Ihre Worte sind eine flehentliche Bitte an den,

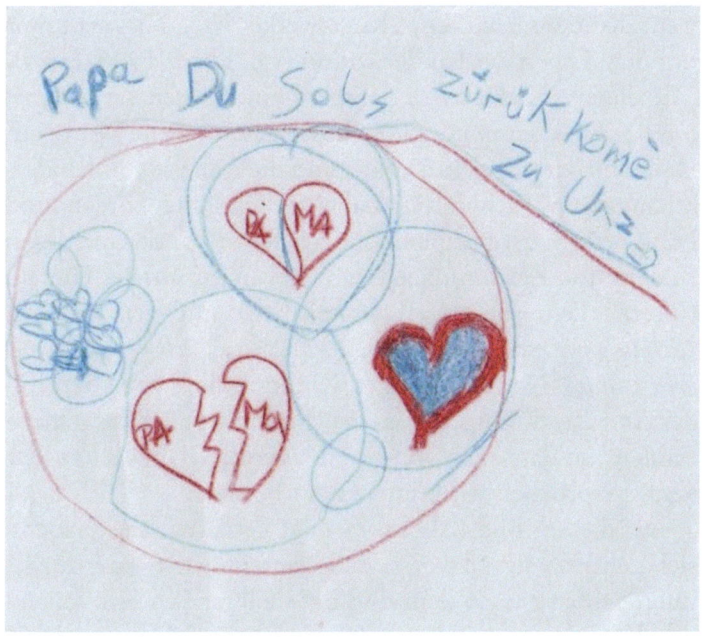

Abb. 6.1 (Paula, 7 J.), ©Nathalie Sabas

der gegangen ist, er möge zu allen, das heißt nicht nur zur Mama, zurückkehren.

Eine Trennung oder eine Scheidung ist für Kinder immer ein schmerzliches und sehr einschneidendes Erlebnis, welches an die Grenzen ihrer psychischen Belastbarkeit geht. In dieser schwierigen Zeit kommen Kindern quälende Fragen hoch: *„Was ist los mit meinen Eltern? Was haben sie vor? Und was habe ich falsch gemacht, dass sie sich so verhalten?"* Doch gerade Kindern fehlen häufig die Worte, das auszudrücken, was sie im Inneren bewegt. Und gerade dort, wo Worte fehlen oder die kindliche Sprache nicht ausreicht, dort erzählen Kinderzeichnungen wahre Lebensgeschichten.

Besonders hier müssen Erwachsene ihnen dabei helfen, sich den *„Großen"* mitzuteilen. Kinderbilder sind keine *„Zufallsprodukte"*, bei denen sich Kinder irgendetwas ausdenken. Nichts entsteht zufällig, ohne Grund und Anlass, wenn Kinder malen. Die „Kunstwerke" haben immer etwas mit dem Leben der Kinder zu tun (vgl. Krenz 1996, S. 24). Mit dieser *„symbolischen Sprache"* hinterlassen sie *„Spuren ihrer Seelenlandschaft"*, die sich wie geschriebene Worte auf Papier niederschlagen. Daher kann die Analyse von Kinderzeichnungen Fachkräften dabei helfen, ihre Sorgen und Nöte besser zu verstehen. Zudem geben Kinder mit ihren Bildern und Zeichnungen ein Signal an ihr soziales Umfeld (Eltern, LehrerInnen, ErzieherInnen) mit der Aussage: *„Schau ganz genau auf mein Bild. So wie ich gemalt habe, geht es mir."* Noch dazu legen Kinder in ihre gemalten Bilder und Zeichnungen die aktuelle Intensität ihres ganzen Fühlens, so dass auch von einem *„fühlenden Denken in Bildern"* gesprochen wird. Hierzu ein Beispiel:

Auf diesem Bild (Abb. 6.2) zeigt Petra, wie sie versucht, sich gefühlsmäßig davor zu schützen, dass der Vater für sie unerreichbar ist. Zu dem Bild hat sie ihrer Lehrerin folgenden Kommentar gegeben: *„Ich bin ganz groß, er ganz klein. Ich übersehe ihn jetzt so, wie er mich immer übersieht."*

6 Das Erleben der Kinder und ihre Reaktionen…

Abb. 6.2 (Petra, 9 J.), ©Nathalie Sabas

Auch der Umgang mit Farben ist äußerst aufschlussreich, da man darin die Lebenskraft und Gefühlswelt eines Kindes ablesen kann. Außerdem hat das Bild des Kindes mindestens zweierlei Bedeutung. Einmal für das Kind selbst eine befreiende, entlastende oder auch klärende Funktion, indem etwas, was vorher als diffuser Gedanke oder Gefühl in ihm war, nun sichtbar geworden ist.

Zum anderen eine zum Symbol verschlüsselte Information an den Erwachsenen, in dessen Schutz es sich ihm zugehörig findet (vgl. Kuntzag 1995, S. 12). Zusammenfassend lässt sich sagen, dass das Bild der Kinder eine Fotografie ihrer Seele ist, genauer zu sagen, der Spiegel des ganzen Menschenkindes (!), der die Erwachsenen daran teilhaben lässt, verstehen zu können, was sich Kinder wünschen, erhoffen und auch deutlich einfordern.

Hervorzuheben ist, dass Erwachsene im Trennungs – bzw. Scheidungsprozess auf die Zeichnungen ihrer Kinder achten sollten, denn an den Bildern wird ihre momentane leiblich-seelische Verfassung sichtbar. Hierbei können die Eltern wichtige Hinweise erhalten, über mögliche Probleme, die im Alltagsleben nicht unbedingt zum Ausdruck kommen. Sind die Eltern dazu bereit und nehmen sich die Zeit, sich einfühlsam in einen Dialog mit Kindern über ihr kleines Kunstwerk zu begeben, so fühlen sich die Heranwachsenden auf einer tieferen Ebene ihrer Persönlichkeit besser verstanden. Zudem werden Kinder ermuntert, Fragen, Ängste, Unsicherheiten nicht für sich zu behalten und sind dadurch mit der Welt in Verbindung.

> *„Als ich elf Jahre alt war,*
> *kam ich eines Tages*
> *von der Schule her nach Hause,*
> *an einem von den Tagen,*
> *wo Schicksal in den Ecken lauert,*
> *wo leicht etwas passiert.*
> *An diesen Tagen scheint jede Unordnung und*
> *Störung der eigenen Seele*
> *sich in unserer Umwelt zu spiegeln*
> *und sie zu entstellen.*
> *Unbehagen und Angst beklemmen unser Herz,*
> *und wir suchen und*
> *finden ihre vermeintlichen Ursachen*
> *außer uns,*
> *sehen die Welt schlecht eingerichtet und*
> *stoßen überall auf Widerstände."*
> Hermann Hesse

6.6 Bewältigungsstrategien

Steht jemand vor einer schwierigen Situation, so braucht es nicht nur den Willen und die Bereitschaft, sich mit dem Problem auseinanderzusetzen, es braucht auch das Wissen, wie diese Probleme gelöst werden können (vgl. Flammer und Alsaker 2002).

In diesem Zusammenhang wird von Bewältigungsstrategien oder den sogenannten „*Coping – Strategien*" gesprochen, die die Art des Umgangs mit einem als bedeutsam und schwierig empfundenen Lebensereignis oder einer Lebensphase bezeichnen, in der jeweils bestimmte Gefühle und Empfindungen vorherrschen. Wichtig sind an dieser Stelle die Bewältigungsstrategien nach Brenner (Jaede und Zeller-König 1996, S. 20) bzw. den inneren Bewältigungsprozess bei Kindern, zu nennen, die im Folgenden kurz beschrieben werden.

Ablehnung und Verleugnung: Kinder verhalten sich so, als ob kein Problem vorhanden wäre und eine Trennung der Eltern nicht stattgefunden hätte. Diese Verleugnung hilft den Kindern mit dem Verlust fertig zu werden. Sie klammern die Wirklichkeit aus ihrem Bewusstsein aus, weil sie sie sonst nicht ertragen könnten und versuchen sich so zu schützen. Dies dient dazu weniger Schmerz zu empfinden.

Regression: Die Kinder verhalten sich nicht dem momentanen Altersdurchschnitt entsprechend, sondern so wie jüngere Kinder es tun würden. Sie verhalten sich oft fordernd oder abhängig und erhalten so mehr Zuwendung.

Rückzug: Die Kinder flüchten entweder vor dem belastenden Problem oder ziehen sich zurück und werden still. In der Folge richten sie ihre ganze Aufmerksamkeit zum

Beispiel auf ein Haustier, flüchten in Tagträume oder zeigen ihren Gefühlsausdruck in Bildern wieder.

Impulsives Ausagieren: Lässt sich die Trennung nicht länger verdrängen, geraten die Kinder zunehmend unter Druck. Emotionen wie Wut und Aggressionen kommen zum Vorschein und richten sich gegen die Eltern, weil der Vater zum Beispiel wegzieht und die Mutter es zulässt bzw. schon längst einen neuen Partner hat. Diese Wut kann sich auch gegen andere richten, etwa in der Schule, oder gegen sich selbst. Viele Kinder isolieren sich weiterhin oder riskieren sogar als *„verhaltensgestört"* eingestuft zu werden. Diese Phase ist sehr anstrengend, sie befreit aber auch von inneren Spannungen.

Hoffnung und Verhandlung: Noch Jahre nach der Trennung erhoffen sich Kinder, dass Mutter und Vater wieder zusammenziehen und eine glückliche Familie bilden. Manch anderes Kind versucht seine Eltern zu *„verführen"* indem sie Feste wie Geburtstage oder Weihnachten zusammen verbringen. Oft scheitern diese Versuche, wenn Eltern sich darauf einlassen und wecken falsche Hoffnungen beim Kind. Diese werden noch bestärkt, da die Eltern selbst noch ambivalent sind, wieder Sympathien füreinander empfinden, eine Rückkehr nicht ausschließen oder neue Beziehungen gescheitert sind.

So lange die Trennung für beide Eltern nicht eindeutig ist, von beiden eigentlich nicht gewollt ist, können die Kinder sich nicht auf sie einstellen, sie nicht akzeptieren und sind verunsicherter als je zuvor. Viele Kinder sind nach einer klaren Entscheidung oft erleichtert, weil sie nun eine, wenn auch schmerzliche Sicherheit haben und wissen, woran sie sind und sich demnach orientieren können.

Altruismus: Die Kinder nehmen eine Helferrolle an und übernehmen Verantwortung, die ihnen das Gefühl gibt, für andere nützlich zu sein, zum Beispiel für ihre Geschwister oder Eltern. Dieses Verhalten kann dazu führen, dass sie sich nicht mehr kindgemäß verhalten.

Humorvolles Verhalten: Ein humorvolles Verhalten hilft Kindern, die eigenen Probleme nicht allzu ernst nehmen zu müssen. Humor tritt an Stelle von Angst und Schmerz. Im ausgeprägten Maße kann dies dazu führen, dass die Kinder nicht mehr in ausreichendem Maße Hilfe bei anderen in Anspruch nehmen können.

Antizipation: Die Kinder versuchen, die nächste stressreiche Phase vorauszusehen und sich darauf einzustellen.

Sublimierung: Hier finden die Kinder die Möglichkeit ihrer Angst, Wut oder Verzweiflung durch Spiele, Sport, andere Interessen und Hobbys zu begegnen.

Trauer und Versöhnung: Kinder trauern um den Verlust der „*Elternschaft*" und der vollständigen Familie, die für sie eine besondere Qualität und Bedeutung hat, und nicht über den Weggang eines Elternteils, den sie in der Regel ja weiter sehen und der sich um sie kümmert. In dieser Zeit brauchen Kinder viel Trost und Beistand. Es ist gut, wenn sie weinen können und nicht mehr stark sein müssen. Die Trauer ist etwas Positives und Heilsames. Manche Kinder erreichen diese Trauerphase nicht. Das kann daran liegen, dass auch die Erwachsenen sich nicht genügend ihrer eigenen Trauer stellen.

Erst wenn sich auch Erwachsene ihrer Gefühle bewusst werden, sind auch die Kinder hierzu bereit. Durch die Trauer erfolgt eine gefühlsmäßige Auflösung des Trennungsschmerzes und die innere Vorstellung von der bisherigen Familie verändert sich beim Kind. Nun hat das Kind eher zwei auf Dauer getrennte und unabhängige Familien vor Augen. Die meisten Kinder wählen nicht nur eine Strategie. Sie können im Verlaufe eines Tages in verschiedene Formen auf ein und dasselbe Ereignis reagieren (vgl. Jaede und Zeller-König 1996).

7

Langzeitfolgen – Das Scheidungskind als Erwachsener

7.1 Langzeitfolgen der Scheidung

Erwachsene Scheidungskinder machen einen beträchtlichen Teil unserer Bevölkerung aus. Obwohl die Eltern die Absicht haben, durch eine Trennung ein besseres Leben zu bewirken, hat eine Scheidung häufig den gegenteiligen Effekt.

Die Kinder fühlen sich einsam, verlassen, isoliert, ängstlich und vor allem schuldig. Diese Vielfalt von Gefühlen bringen sie aus ihrer Kindheit mit in das Erwachsenenleben.

Festzustellen ist, dass erwachsene Scheidungskinder oft mit dem Problem zu kämpfen haben, an überholten Überlebenstaktiken festzuhalten, die ihnen in der Kindheit geholfen haben, sich in ihren Erwachsenenbeziehungen aber als verheerend erweisen (vgl. Fassel 1994).

In der Forschung bezüglich der Langzeitfolgen von Trennung und Scheidung aus der Perspektive der Kinder sind die Experten sich ziemlich uneinig, wie gravierend die Folgen tatsächlich sind. Das Bild zeigt ein breites Spannungsfeld auf. Allerdings ist es indiskutabel, dass einige Scheidungskinder im Vergleich zu Kindern aus *„intakten"* Familien häufiger Schulschwierigkeiten, Verhaltensauffälligkeiten, ein niedrigeres Selbstwertgefühl, sowie Konflikte mit Eltern und Kameraden aufgewiesen haben. Demnach haben Kinder, die eine Scheidung als *„Lebensschicksal"* zeichnet, von vornherein geringere Chancen, ohne Beeinträchtigung ihrer Entwicklung groß zu werden. Ein nicht verarbeitetes Leid kann früher oder später zu einem *„frustrierten Lebensstil"* führen kann.

Es wird angenommen, dass etwa ein Drittel der Scheidungskinder langfristig in ihrer Entwicklung beeinträchtigt sind (vgl. Fthenakis 1993). Die Beeinträchtigung gehen mit einem erhöhten Risiko zu psychischen Erkrankungen, delinquentem Verhalten, Partnerschafts- und Eheproblemen und in einem erhöhten Selbstmordrisiko einher. Selbst nach15 Jahren nach der Scheidung der Eltern, ist immer noch vieles nicht verarbeitet ist. Einige Betroffene berichteten mir, dass sie bei einem Streit oder einem lautem Geschrei, immer noch Zusammenschrecken. Die einschneidende Erinnerung bleibt, ein Leben lang.

Darüber hinaus finden Sie hierzu noch geschlechtsspezifische Unterschiede bezüglich der Langzeitfolgen (vgl. Werneck und Werneck-Rohrer 2003, S. 88): Mädchen weisen eine geringere *„Sorgfalt"* bei der Wahl ihrer Sexualpartner auf; ein Drittel der älteren männlichen Jugendlichen zeigt schwere Vergehen. Vor allen Dingen weise ich an dieser Stelle auf Schwierigkeiten in der Partnerschaft hin. Aufgrund zahlreicher Indizien zu den Folgen von Scheidungen für Kinder zeigte sich, dass die Trennung an sich und die dadurch bedingte Änderung der Familienstruktur nur bei wenigen für die psychische Entwicklung entscheidend sind, sondern viel mehr die damit verbundenen Spannungen und Streitigkeiten in der Familie.

Zudem können wir uns die Frage stellen, ob das Alter von Scheidungskindern zur Zeit der Trennung der Familie

7 Langzeitfolgen – Das Scheidungskind als Erwachsener

auf die langfristigen Auswirkungen dieses Erlebnisses einen Einfluss hat. Laut Fassel (1994), haben erwachsene Scheidungskinder, deren Eltern sich in den ersten fünf Jahren der Kinder scheiden ließen, am meisten Angst vor Intimität. Zudem fürchten sie, verlassen, gedemütigt und zurückgewiesen zu werden. In ihrer eigenen Ehe streben sie nach Anerkennung, versuchen ihr *„allerbestes"* zu geben und bemerken nicht, dass sie mit zu viel Fürsorge und Zuwendung die anderen Familienmitglieder *„ersticken"*.

Zusammengefasst, haben sie ziemlich große Probleme mit der Angst vor dem Verlassenwerden. Die Kinder zeigen, deren Eltern sich zwischen ihrem 6. und 13. Lebensjahr trennten, ähnlich wie bei den Vorschulkindern, die Angst vor Intimität haben. Zudem haben sie oft Schwierigkeiten anderen zu vertrauen und sie um Hilfe zu bitten. Diese Scheidungskinder fühlen sich ernster und älter, als sie sind, da sie sehr schnell erwachsen werden mussten, und sie schon sehr früh Verantwortung übernahmen. Diese Schicksalskinder haben nicht die leiseste Ahnung, wie sie eine stabile und harmonische Beziehung führen sollen und haben Sorge, ihren eigenen Kindern keine guten Eltern zu sein.

Bei den Scheidungskindern, deren Eltern sich scheiden ließen, als sie selbst noch Teenager waren, stellte man fest, dass sie sich *„familienlos"* fühlen. Aus diesem Grund haben sie den Wunsch nach einer Familie entwickelt und schätzen das Familienleben ganz besonders.

Auch für diese Altersgruppe ist Intimität und anderen Menschen näher zu kommen, ein Problem. Oft sind sie beziehungssüchtig und haben selbst große Angst vor einer Scheidung. Deshalb geben sie sich große Mühe, dass ihre eigene Ehe harmonisch ist und empfinden somit ihren Partnern und Kindern gegenüber große Verpflichtungen.

Die überwiegende Mehrheit der Kinder mit diesen anhaltenden Auffälligkeiten stammen aus Familien, in denen die Eltern keinen Kontakt mehr hatten, oder in denen sich Konflikte zwischen den Eltern nach der Scheidung so fortsetzten, dass die Eltern den Bedürfnissen ihrer Kinder nicht gerecht werden konnten (vgl. Werneck und Werneck-Rohrer 2003, S. 89).

Ein entscheidender Faktor scheint also zu sein, ob die Bedürfnisse der Kinder abgedeckt werden oder nicht. Ein Kind hat *drei Bedürfnisse*, die befriedigt werden sollten: Geborgenheit, soziale Akzeptanz, sowie Entwicklungs – und Leistungsfähigkeit (vgl. Largo und Czernin 2003). Das bedeutet, wenn die psychischen und körperlichen Bedürfnisse abgedeckt sind, ein Kind die Scheidung der Eltern sehr wohl ohne negative Folgen überstehen kann.

7.2 Selbstwertprobleme

Die einschneidenden Erlebnisse während der Zeit der Trennung haben die Kinder sehr geprägt und sie nehmen sie mit in das Erwachsenenleben hinein. Sie mussten mit verschiedenen Gefühlen kämpfen, und geben sich vor allem die Schuld an der Scheidung. Es ist ein großer Unterschied, ob man als Kind ein schlechtes Gewissen gegenüber dem Papa hat, weil man froh ist, bei der Mama zu leben, oder ob man vor Gericht explizit erklären muss: *„Ich möchte nicht zum Papa, sondern bei Mama bleiben!"* Diese und andere Situationen erleben die Kinder als sehr belastend. Doch sie versuchen stark zu sein und unterdrücken ihre Gefühle. Nicht zu vergessen ist, dass sie immer wieder die Erfahrung machen mussten, dass aggressive Auseinandersetzungen, wie Demütigungen und Kränkungen zwischen den Eltern zur Trennung führten, während Kinder von Eltern, die sich lieben, Versöhnung miterleben können.

Folglich haben Menschen, die einen großen Teil ihrer Aggressionen verdrängen, mitunter auch große Hemmungen, Ärger zu zeigen, ihre Meinung durchzusetzen oder aber für ihre Interessen zu kämpfen, sie büßen also unter Umständen auch wichtige Faktoren sozialer Kompetenz ein (vgl. Figdor 1998).

Derartige Folgen der Aggressionsverdrängung schmälern zwangsläufig auch die Selbstsicherheit eines Menschen. Die erhöhte Brüchigkeit des Selbstwertgefühls bei ehemaligen Scheidungskindern merkt man daran, dass sie dazu neigen, ihr aktuelles Selbstwertgefühl von äußeren Bedingungen abhängig zu machen. Ohne Zweifel gehören Probleme mit dem Selbstwertgefühl zu den spezifischen Langzeitfolgen der Scheidung, was nicht weiter verwundern kann.

Die Kinder fühlen sich verlassen und zu wenig geliebt. Aus ihrer Sicht haben sie es nicht geschafft, die Familie zusammenzuhalten, bzw. waren nicht wichtig genug, dass die Eltern ihre persönlichen Interessen den Wünschen der Kinder geopfert hätten; sie haben mit dem weggehenden Elternteil unter Umständen ein wichtiges Stück ihrer Identität, ein *Identifizierungsobjekt*, an welchem sie sich orientieren konnten, verloren; oder jenen Liebespartner, der dem Kind seine Attraktivität und seinen Wert spiegeln hätte können; sie sind sich ihrer sexuellen Identität unsicher; sie spürten, der Mutter/dem Vater den verlorenen Partner nicht ersetzen zu können; fühlten sich hilflos und minderwertig, wenn die Eltern unglücklich zu sein schienen; ihre Schuldgefühle lassen sie fürchten, wiederholt Fehler zu begehen u. v. m.

Dies sind wichtige Angaben, die uns deutlich werden lassen, wie es zu einem verminderten Selbstwertgefühl kommt. Insofern der Großteil dieser Selbstbilder unbewusst ist, und sie daher nicht auf zurückliegende Erfahrungen geführt werden können, tragen Scheidungskinder diese Last von Gefühlen, nicht liebenswert genug zu sein und die Angst zu versagen, oft ein Leben lang mit sich herum. Zu beobachten ist dies vor allem in gesellschaftlichen und beruflichen Beziehungen. Durch die Selbstwertproblematik fühlen sie sich oft unterlegen, sie meiden daher die Konkurrenz oder müssen sich stets beweisen (vgl. Figdor 1991).

7.3 Auswirkungen auf Partnerschaft, Ehe und Familie

"Jener Lebensbereich, der erwartungsgemäß von den spezifischen Schmerzen und Nöten des Scheidungsschicksals am meisten betroffen ist, sind die künftigen Paarbeziehungen."

Figdor

Dieses Zitat von Figdor zeigt deutlich, dass Scheidungskinder im jungen Erwachsenenalter, wenn sie selbst eine feste Partnerschaft oder Familie gründen wollen, Schwierigkeiten haben diese zu verwirklichen und dass sich die Wahrscheinlichkeit erhöht, früher oder später massive Konflikte mit dem Partner zu haben.

Oft sind sie sehr verunsichert und ihr Grundvertrauen in Familie und Partnerschaft ist erschüttert. Dennoch haben ehemalige Scheidungskinder eine große Sehnsucht nach einer glücklichen Partnerschaft, haben den Wunsch, die Fehler der Eltern nicht zu wiederholen und an den eigenen Kindern deren Versäumnisse wieder gutzumachen.

Aber bevor diese Sehnsüchte erfüllt werden können, steht eine Reihe weiterer Hindernisse im Weg. Zentral ist das Fehlen positiver Partnermodelle, das heißt ein Modell für eine funktionierende Krisen überdauernde Partnerschaft haben sie nie kennengelernt. Kommt es öfters zu Auseinandersetzungen in der Partnerschaft, erleben sie diese Verstimmungen als *"das Ende"*: Aus Angst, (wieder, wie schon

7 Langzeitfolgen – Das Scheidungskind als Erwachsener

als Kind) verlassen zu werden, setzen sie einen Schlussstrich (vgl. Figdor 1991, S. 217).

Ehemaligen Scheidungskindern fehlt oft die Zuversicht, dass eine solche Partnerschaft weiter gelingen könnte. Sie sind überzeugt davon, eines Tages verlassen zu werden und beenden die Liebesbeziehung (ohnehin schon rechtzeitig) um nicht noch einmal solche Qualen erleiden zu müssen. Vielen dieser Menschen scheint die Trennung die einzig denkbare Strategie der sozialen Konfliktlösung zu sein: ob es sich nun um eine Liebesbeziehung, eine Freundschaft oder auch um berufliche Probleme handelt. Wenn ich Ihnen aus meiner persönlichen Erfahrung schildern darf, hatte ich Jahre lang damit zu kämpfen, eine langjährige Partnerschaft aufrechtzuerhalten. Sobald die *„Phase des Verliebtseins"* vorüber war, wandte ich mich anderen *„Affinitäten"* zu. Ein irrsinniges Kreislauf. Zahlreiche *„Froschküsse"* zwangen mich letztendlich den Kreislauf meiner *„ungesunden Überlebensstrategie"* zu durchbrechen.

Es ist unübersehbar, dass erwachsene Scheidungskinder ein großes Bedürfnis nach Kontrolle haben und bemerken, dass ihre Beziehungen oft aufgrund ihres extremen Kontrollverhaltens scheitern. Sie haben ein übertrieben ausgeprägtes Verantwortungsbewusstsein und haben Angst vor Konflikten, obwohl sie diese für bestimmte Zwecke benutzen.

Des Weiteren haben sie unrealistische Erwartungen an ihre Beziehungen und fühlen sich schnell ausgenutzt. Bei allen ehemaligen Scheidungskindern besteht gleichermaßen die größte Herausforderung darin, *„das Vertrauen in die Liebe wiederzufinden"*.

Die Probleme ehemaliger Scheidungskinder, ihre Kränkbarkeit, und offene Wunden, ihr vermindertes Selbstwertgefühl und die Schwierigkeiten, die sich für sie in Liebesbeziehungen ergeben, verringern die Chance, zu einer dauerhaften glücklichen Partnerschaft zu gelangen, beträchtlich. Womit ein fataler Kreislauf in Gang gesetzt wird.

An dieser Stelle ist zu betonen, ob bzw. in welchem Ausmaß die verinnerlichten Beziehungsmuster das Leben der ehemaligen Scheidungskinder beeinträchtigen, dass dies von der Stärke, von der Bedrohlichkeit der beteiligten psychischen Konflikte abhängt. Es wird deutlich, dass die Scheidung nicht unvermeidlich zum Desaster führen muss. Dass es durchaus viele Kinder gibt, die ihre Angst vor Verrat in den Beziehungen überwinden, und dauerhafte, starke Verbindungen zu ihrem neuen Partner aufbauen können und schützende Eltern werden.

7.4 Positive Langzeitfolgen

In unserer Gesellschaft wird eine Scheidung immer als negatives Ereignis dargestellt, ein Erlebnis für Kinder, welches sie niemals verarbeiten. Es wird kaum gesehen, dass eine Scheidung auch positive Aspekte mit sich bringen kann und dass eine Trennung nicht grundsätzlich ein traumatisches Ereignis symbolisieren muss.

Nicht zu verleugnen sind die schmerzhaften Erinnerungen die diese Kinder mit sich tragen, doch die meisten von ihnen erfüllen erfolgreich die wesentlichen Aufgaben des Erwachsenenseins: Berufsfindung, intime Beziehungen, Gestaltung eines für sie sinnvollen Lebens. Eine Minderheit ehemaliger Scheidungskinder geht sogar bereichert aus der Auflösung der elterlichen Familie hervor. Diese Kinder sind ungewöhnlich belastungsfähig, reif, verantwortungsbewusst und zielstrebig. Die so genannten stark ausgeprägten *„Resilienzen"*, auch psychische Widerstandskraft genannt, verhalfen hierbei zur Überwindung des Schmerzes. Ebenso wie viele nach einer Scheidung bereicherte Erwachsene, blühen sie nicht trotz der Scheidung, sondern gerade deswegen auf, da die Spannung aufgelöst wurde (vgl. Hetherington und Kelly 2003, S. 19).

Darüber hinaus sind Kinder Alleinerziehender selbstständiger und werden häufig als reifer erlebt, als ihre gleichaltrigen Kollegen und Kolleginnen. Die Erfahrung der Trennung der Eltern zeigt ihnen, dass es möglich ist, aus scheinbar ausweglosen, konflikthaften Beziehungen auszubrechen und neu anzufangen. Ihr Kampfgeist und Willensstärke ist weitreichend ausgeprägt.

Außerdem sind, Scheidungskinder sensibler für Diskriminierungen und haben eine flexiblere Rollenauffassung, da ihre Mütter oft männliche Rollen übernehmen, und die Väter sich mit der täglichen Versorgung der Kinder beschäftigen. Es wird angenommen, dass erwachsene Kinder aus Scheidungsfamilien Unabhängigkeit, Flexibilität und Selbstvertrauen entwickelt haben; Eigenschaften, die sie vielleicht niemals erlernt hätten, wenn sie nicht mit der Scheidung ihrer Eltern konfrontiert gewesen wären. Einige erwachsene Scheidungskinder haben erlebt, dass sie in ihrem Leben eine Wahl haben und nicht in unguten Situationen ausharren müssen (vgl. Fassel 1994 und Wallerstein und Blakeslee 1989/1990).

Zu erwähnen ist, dass ehemalige Scheidungskinder in der beruflichen Entwicklung oft erfolgreicher sind, als Kinder, deren Eltern sich nicht getrennt haben. Außerdem wurde festgestellt, dass nach zwanzig Jahren etwa 70 % ehemaliger Scheidungskinder zufriedene und im Leben zurechtkommende Erwachsene waren (vgl. Figdor 1991). Diese positiven Folgen einer Scheidung sind aber nur dann möglich, wenn den Eltern gelingt, eine gute Beziehungskonstellation zu schaffen, damit die bestmöglichen Entwicklungschancen für das Kind nach der Scheidung sichergestellt werden.

Eine wesentliche Rolle spielt die Höhe der Stressbelastung, sowie die zur Verfügung stehenden persönlichen und sozialen Ressourcen, um vorhersehen zu können, wie die Kinder auf Dauer mit der Trennung fertig werden. Die Reaktionsweisen von Kindern auf die Trennung und

Scheidung ihrer Eltern hängen stark mit der Persönlichkeit zusammen, mit dem Temperament, der Intelligenz, der Unabhängigkeit und dem Selbstbewusstsein des Kindes. Diese vorhandenen Ressourcen ermöglichen ein zufrieden stellendes und glückliches Leben. Die größte Sorge die ein betroffenes Kind hat ist, das ihm das Gleiche geschieht (vgl. Werneck und Werneck-Rohrer 2003, S. 92).

Kleiner Habitus

Genussvolle Momente des Alleinseins.
Mit wiederkehrenden Erinnerungen des Glücks,
im rotschimmernden Schein.
Strahlendes Licht im Glauben der absoluten Freiheit.
Definition der Liebe,
sausend in meinen Ohren die Streitigkeiten meiner Eltern.
Bewegende Liebe.
Ich möchte sie erkennen.
Doch wie lässt sich die Liebe als solche erfahren,
wenn die sie zu umarmenden Pfaden des Zaubers störend verknotet sind?
Christliche Klänge, dessen Tore ich verschloss.
In inneren Kräften fühle ich mich wohler.
Sehnsucht nach der reinsten Seele des Göttlichen.
Dem größten Wunder der Natur.
Oh, kleiner Habitus.
Dich werde ich lieben, jeden Tag.
Du wirst mich erkennen lassen.
Schon jetzt spüre ich tiefste Dankbarkeit zu Dir.
Dem jüngsten Lehrer des Universums.

Nathalie S., 16 Jahre

8

Hilfen für betroffene Kinder und ihre Familien

8.1 Kindliche Bedürfnisse zur Bewältigung

„Lasst möglichst viel in meinem Leben so, wie es vor eurer Trennung war. Das fängt bei meinem Zimmer an und hört bei den kleinen Dingen, die ich ganz allein mit meinem Vater oder meiner Mutter gemacht habe, auf."

Eine Trennung ist für beide Elternteile sehr erschöpfend und erfordert soviel Kraft und Energie, dass sie ihren Erziehungsaufgaben nur unzureichend nachkommen können. Aufgrund ihres emotionalen Zustandes und der Probleme der Alltagsbewältigung sind sie häufig überlastet und haben nur wenig Zeit für Gespräche und Spiele mit ihren Kindern. Sie kümmern sich nur wenig um sie, sodass es durch aus vorkommen kann, dass die Eltern ihre Kinder sogar vernachlässigen. Darüber hinaus haben die Eltern nur wenig Gespür für das, was in ihren Kindern vorgeht.

Problematisch ist ferner, dass vor allem jüngeren Kindern zumeist weder die Gründe für die Trennung genannt, noch Informationen über die Zukunft gegeben werden. Zudem sind die Kinder mehr oder minder plötzlich nicht mehr Mittelpunkt des Familienlebens. Die Eltern können nicht mehr genügend Aufmerksamkeit aufbringen, und somit sind die Kinder auf sich allein gestellt.

Gerade in dieser schwierigen Zeit ist es so wichtig, auf die kindlichen Bedürfnisse zu achten. In erster Linie sollten daher die Bedürfnisse der Kinder auch in Trennungskrisen bewusst bleiben und im Alltag berücksichtigt werden. Es wurde bereits schon erwähnt, dass heftige Auseinandersetzungen zwischen den Eltern Scheidungskinder besonders stark belasten. Vor allem dann, wenn Kinder erleben, dass die Erwachsenen keine Kontrolle mehr über ihre Konflikte haben und ihnen die Situation aus den Händen zu gleiten droht.

Leider wird der heftige Streit auch nach einer Scheidung oft noch lange oder sogar noch heftiger fortgeführt, so dass das Kind von der Trennung keinen Gewinn hat. An dieser Stelle ist es wichtig zu sagen, dass Eltern ihre Auseinandersetzungen kontrollieren müssen, um ihrem Kind nicht weiter zu schaden.

Hinweise darauf wären z. B. sich *„im Geiste"* schon auf ein gemeinsames Treffen vorbereiten und jegliche Provokation, Abwertung oder Beleidigungen vermeiden. Wichtig ist in jedem Fall, dass keine Auseinandersetzungen vor dem Kind erfolgen und die Kinder aus Streitigkeiten herausgehalten werden, weil sie sich schnell überfordert und schuldig fühlen.

> *„Es gibt zwei Beziehungen in dieser Ehe.*
> *Er bewundert mich als gute Mutter.*
> *Als Ehefrau langweile ich ihn*

*in jeder nur möglichen Weise.
Aber unsere Kinder sind wunderbar
und das ist was zählt.*"

Auch wenn Mutter und Vater sich scheiden ließen, haben sie sich als Paar getrennt, als Eltern aber tragen sie weiter eine gemeinsame Verantwortung für ihre Kinder. Die Bewältigung einer Trennung gelingt vor allem dann besser, wenn Mutter und Vater für das Kind da sind. Wenn jedes Elternteil Zeit mitbringt, dem Kind zuhört und auf es eingeht. In meiner Arbeit hatte ich einst einer verzweifelten Mutter ausdrücklich betont: *„Mag sein, dass Ihr Ex-Mann, ein mieses Arschloch"* war, *„aber er ist ein wundervoller Vater."* Schnell brach die Mutter zustimmend in Tränen aus.

Wie bereits schon festgestellt, benötigt der heranwachsende Mensch sowohl einen aktiven Vater als auch eine aktive Mutter. Erst dann geht es ihm gut, wenn beide Erziehungsberechtigte für das Kind zur Verfügung stehen, sich respektvoll begegnen und keiner versucht, das Kind auf seine Seite zu ziehen. Die liebevolle Zuwendung und unbedingte Wertschätzung von beiden Elternteilen ist für das Kind sehr bedeutsam. Sie sind vor allem Voraussetzung für eine gute Entwicklung.

Zuwendung ermöglicht dem Kind, sich von Mutter und Vater als erwünscht und angenommen zu erleben, Selbstvertrauen und Mitgefühl zu entwickeln und selbständig zu werden. Brazelton und Greenspan schildern hierzu, *„dass eine sichere und einfühlsame Beziehung dem Kind ermöglicht, seine eigenen Gefühle zu formulieren, über seine Wünsche nachzudenken und eigenständige Beziehungen zu Gleichaltrigen und Erwachsenen aufzunehmen."*

Gerade für Scheidungskinder ist ein wertschätzender und achtungsvoller Umgang in der Familie von großer Wichtigkeit, um ihr Selbstwertgefühl zu stärken. In dieser schwierigen Zeit ist es wichtig, dass Eltern auf das Kind eingehen und versuchen sich vorzustellen, wie es dem Kind geht und was es empfindet, denn das Kind erlebt die Trennung aus einer anderen Perspektive als Erwachsene.

Um ihre Kinder zu verstehen, kann es sehr hilfreich sein, darauf zu achten, wie das Kind bestimmte Ereignisse malt oder darstellt, was es spielt oder wie es über bestimmte Ereignisse berichtet. Sehr bedeutsam können hier Kinderzeichnungen sein, die *„Mitteilungen ihrer Seele"* sind. Durch das *„Mitgefühl"*, die Empathie, helfen Eltern ihrem Kind seine überwältigenden Gefühle wieder in den Griff zu bekommen. Voraussetzung hierfür aber ist, genügend Zeit für das Kind einzuplanen.

> *„Ich möchte, dass ihr beide nicht vergesst:*
> *Ich bin das Kind von euch beiden.*
> *Ich lebe hauptsächlich bei einem Elternteil,*
> *der die meiste Zeit für mich sorgt.*
> *Aber ich brauche den anderen Elternteil genauso."*

Für das Kind sind beide Eltern von großer Bedeutung. Beide haben zusammen dem Kind zum Leben verholfen und verkörpern seine Herkunft und Abstammung. Aus der Perspektive des Kindes ist es am besten, wenn sich durch die Umgangsregelung im Alltag so wenig wie möglich verändert. Je mehr Kontinuität dem Kind erhalten bleibt, und je besser die Eltern in den Erziehungsvorstellungen übereinstimmen, desto weniger eingreifend wird es die Trennung der Eltern und die Umgangsregelung für sich erleben.

Aus diesem Grund sollte dem Kind ein möglichst leichter Zugang zu beiden Eltern erhalten bleiben, die sich nicht

8 Hilfen für betroffene Kinder und ihre Familien

gegenseitig in den Rücken fallen dürfen und das Pendeln zwischen den zwei Haushalten auf ein Minimum reduzieren sollten.

„Ich möchte in Entscheidungen,
die unser zukünftiges (Familien-) Leben betreffen,
einbezogen werden und
nicht vor vollendete Tatsachen gestellt werden."

Wichtig ist, dass Eltern ihr Kind immer mitbeteiligen und bei Veränderungen mit ihm darüber sprechen. Auch zwischen Mutter und Vater sollte eine gute Kommunikation nach der Scheidung aufrechterhalten werden. Wenn Eltern sich gut verständigen und regelmäßiger Austausch stattfindet, ergibt sich für das Kind eine Brückenfunktion.

Zusammenfassend lässt sich sagen, dass das Kind Sicherheit, Geborgenheit und Verlässlichkeit in beiden Elternbeziehungen findet, und sie als positive Vorbilder wirken. An dieser Stelle möchte ich Ihnen drei Grundbedürfnisse des Heranwachsenden vorstellen (vgl. Largo 1999):

- Geborgenheit
- soziale Akzeptanz
- Entwicklungs- und Leistungsfähigkeit.

Werden diese kindlichen Bedürfnisse berücksichtigt, besteht für das Kind die Möglichkeit ein erfülltes, glückliches kindgerechtes Leben zu führen. Aus diesem Grund ist ein regelmäßiger und befriedigender Umgangskontakt zum getrennt lebenden Elternteil ein wichtiger Baustein für eine längerfristige gesunde Entwicklung von Scheidungskindern (vgl. Jaede 2006, S. 71–78).

8.2 Hilfsangebote für Eltern

Die Trennungs- bzw. Scheidungssituation ist ein wichtiger Punkt, bei dem die Familien häufig der professionellen Unterstützung bedürfen. Hierbei ist die Profession der sozialen Arbeit eine sehr große Stütze, mit dem Ziel:

„Hilfebedürftigen Menschen „die Hand" zu reichen und sie in schwierigen Lebenssituationen zu begleiten."

Ein Hilfsangebot anzunehmen ist meist der schwierigste Schritt. Doch bevor das gesamte *„Familiensystem"* zerbricht, müssen Eltern erkennen, dass es zur Prävention dient. Es ist nicht selten, dass die Erziehungsberechtigten die Herausnahme eines Kindes befürchten, wenn sie ihre Problematik schildern. Ich bitte Sie an dieser Stelle *„durchzuatmen"*. Dieser massive Eingriff erfolgt erst, wenn ein Kind in seiner Familie oder bei einer anderen Person in Gefahr ist oder in Verwahrlosung lebt. Darüber hinaus gilt: Wenn sich ein Kind in einer Gefahr oder in einer akuten Krise befindet, dann kann das minderjährige Kind auch selbst beim Jugendamt darum bitten, in Obhut genommen zu werden.

Ausdrücklich wird betont, dass das Kindeswohl in allen Regelungen, die das Kind betreffen, im Mittelpunkt steht. Im Artikel 3 Abs. 1 der UN-Kinderkonvention heißt es:

„Bei allen Maßnahmen, die Kinder betreffen, gleichviel ob sie von öffentlichen oder privaten Einrichtungen der sozialen Fürsorge, Gerichten, Verwaltungsbehörden oder Gesetzgebungsorganen getroffen werden, ist das Wohl des Kindes ein Gesichtspunkt, der vorrangig zu berücksichtigen ist."

So haben alle Entscheidungen der Stellen, die Hilfsangebote für Kinder oder Erwachsene anbieten, immer das Kindeswohl als Grundlage ihrer gesamten Maßnahmen. Zu diesen Einrichtungen gehören unter anderem die Jugendämter, die Erziehungs- bzw. Familienberatungsstellen, die Familien- und Lebensberatungsstellen sowie der Kinderschutzbund.

Der Begriff des Kindeswohls beinhaltet in der Umsetzung in der sozialen Arbeit, nach Bernhard Scharf, Vorsitzender des Deutschen Kinderschutzbundes in Würzburg:

- *Den Gegenwartsaspekt, der das Schaffen von positiven Rahmenbedingungen für Kinder im Hier und Jetzt beinhaltet*
- *Den Zukunftsaspekt, der das Schaffen von Rahmenbedingungen für positive Entwicklungschancen der Kinder betrifft.*

Um genau entscheiden zu können, welcher konkrete Hilfebedarf im Einzelfall besteht, braucht ein/e Sozialpädagoge/Sozialpädagogin unter Anderem gute und differenzierte Kenntnisse über die vorgehaltenen Hilfen und die Hilfen des *SGB VIII-Katalogs*. Es muss beurteilt werden können, welche Hilfeform die Bedingungen bietet, die im konkreten Fall benötigt werden.

Hierzu gehören z. B.:

- Die Erziehungsberatung (§ 28 SGB VIII)
- Die Soziale Gruppenarbeit (§ 29 SGB VIII)
- Einsatz eines Betreuungshelfers (§ 30 SGB VIII)
- Die Sozialpädagogische Familienhilfe (§ 31 SGB VIII)
- Mitwirkung in Verfahren vor den Familiengerichten (§ 50 SGB VIII)

> *„Was eine geschiedene Mutter,*
> *die durchschnittlich unter ihrer Trennung leidet,*
> *in dieser Zeit wirklich brauchen würde,*
> *wäre ein völlig komplikationsloses Kind,*
> *das möglichst selbstständig ist,*
> *möglichst wenig an Einfühlung,*

*Verständnis, Geduld braucht,
bis die Mutter wieder so weit ist,
dass sie ihm das alles geben kann."*

Figdor

Manche Kinder bemühen sich, unter *„Hintenanstellung"* eigener Bedürfnisse, die Erwartungen der Mutter zu erfüllen (eher die Mädchen) und verdrängen ihre eigenen Probleme, oder vertrauen sie beispielsweise ihrem Tagebuch an. Auf der anderen Seite würde das Kind zur selben Zeit eine Mutter benötigen, die so selbstlos, einfühlsam, geduldig und verwöhnend ist, wie sie es bisher noch nie sein musste.

Dabei zeigen die meisten Eltern in einer solchen schwierigen Zeit weniger *„Mütterlichkeit"* oder *„Väterlichkeit"* als sonst. Die Eltern bemühen sich aus Schuldgefühlen und/oder aus Verantwortungsempfinden heraus, solche *„guten"* Eltern zu sein und überlasten sich oft jahrelang, was unter Umständen zu fatalen Folgen für die Betroffenen führen kann.

Daher kann das Aufsuchen einer Beratungsstelle von großer Hilfe sein. Erziehungs- und Familienberatungsstellen beraten Eltern und Familien bei Erziehungsproblemen, bei Konflikten in der Familie und in der Partnerschaft sowie bei Entwicklungs- und Verhaltensproblemen von Kindern und Jugendlichen (§ 16 und 28 SGB VIII). Zudem unterstützen sie auch Trennungs- und Scheidungsfamilien.

Häufig wenden sich Eltern erst dann an Beratungsstellen, wenn ihre Kinder Verhaltensauffälligkeiten aufweisen. Dieses auffällige Verhalten spiegelt Probleme in der Familie bzw. in der Partnerschaft der Eltern wider oder kann Ausdruck von anderen Krisen und Belastungen sein. Aus diesem Grund versucht die Beratungsstelle die gesamte Familie für eine gemeinsame Mitarbeit zu gewinnen, um die entstandenen Probleme grundlegend lösen zu können.

8 Hilfen für betroffene Kinder und ihre Familien

Durch Gesprächsmethoden werden den Betroffenen neue Sichtweisen und Lösungsansätze für ihre Probleme aufgezeigt, so dass die Eltern zum Beispiel ihre eigenen Bedürfnisse und die Nöte ihrer Kinder erkennen. Außerdem bieten Trennungs- und Scheidungsberatungsstellen neben Erziehungs- und Familienberatungsstellen auch Eheberatungsstellen, kirchliche Sozialdienste, der Kinderschutzbund, Beratungsstellen in Freier Trägerschaft, und die Allgemeinen Sozialen Dienste der Jugendämter Hilfen an.

Außerhalb der Hilfsangebote der Sozialen Arbeit, gehören therapeutische Hilfsangebote, wie z. B. die Familien- oder Paartherapie, die von großer Bedeutung sein können. Zu anderen Angeboten um Eltern zu unterstützen, gehört die Scheidungsmediation.

Die Mediation oder Konfliktvermittlung bei Trennung und Scheidung ist ein *außergerichtliches Konfliktlösungsverfahren*, in dem die Konfliktpartner, in dem Fall Ehepartner, eigenverantwortlich rechtsverbindliche Lösungen entwickeln. Hierbei werden sie durch einen unparteiischen Dritten, dem Mediator, unterstützt. Die Mediation setzt voraus, dass während der Mediation gerichtliche Verfahren ruhen oder nicht eingeleitet werden. Prinzipiell werden Kinder in die Mediation nicht direkt mit einbezogen, um sie nicht noch mehr zu belasten.

Einige Eltern wenden sich an Selbsthilfegruppen zur Scheidungsbewältigung, die von Sozialpädagogen geleitet werden. Hier finden sie Menschen, die sie verstehen, auch ohne Worte. Menschen, die ihre Situation nachvollziehen können, wo andere nur mit dem Finger auf sie zeigen. In den Selbsthilfegruppen können sie seelische Schwierigkeiten und Konflikte gemeinsam bewältigen und einander helfen. Zudem streben sie an, ihre persönlichen und/oder sozialen Lebensumstände zu verändern bzw. zu verbessern.

Häufig finden die Gespräche in einer reinen Männerrunde bzw. einer Frauenrunde statt, so fühlen sich die Betroffenen besser verstanden und akzeptiert. Im Zentrum steht immer das offene gemeinsame Gespräch. Was besprochen wird, bleibt in der Gruppe.

Eine Alternative wäre der begleitete Umgang, der mithilfe speziell geschulter Fachkräfte, in speziellen Einrichtungen, wie zum Beispiel dem Kinderschutzbund, statt findet. Ein begleiteter Umgang ist vor allem dann notwendig, wenn es der körperliche oder seelische Schutz des Kindes erfordert, Eltern zur Gewalt neigen, sucht – oder suizidgefährdet sind oder unter starken psychischen Problemen leiden.

Zudem ist der begleitete Umgang auch dann empfehlenswert, wenn Eltern ihre Kinder lange nicht mehr gesehen haben, Entfremdungen eingetreten sind und der Zugang erst allmählich und behutsam wieder aufgebaut werden muss.

Der umgangsberechtigte Elternteil wird maximal ein Jahr von einer Fachkraft darin unterstützt, einen angstfreien Kontakt zum Kind herzustellen und die zur Verfügung stehenden Spielmöglichkeiten für ein befriedigendes Zusammensein zu nutzen. Das Ziel ist immer eine Zusammenführung von Eltern und Kind.

Ein weiterer wichtiger Aspekt ist die finanzielle Notlage vieler Alleinerziehenden. Aus diesem Grund müssen Fachkräfte über ein bestimmtes Grundlagenwissen, bezüglich der staatlichen Leistungen verfügen. Sehr häufig entsteht hier, insbesondere für alleinerziehene Mütter (Väter sind weniger betroffen), eine große Belastung. In der Regel müssen sie für die Erziehung und die Versorgung ihrer Kinder allein sorgen, da der Vater seiner Unterhaltspflicht nicht nachkommen kann, bzw. will. Hier ergibt sich zum Beispiel ein Anspruch auf Unterhaltsvorschuss, der beim Jugendamt beantragt werden kann, und die Leistungen so lange gezahlt werden, bis sich die Angelegenheiten geklärt haben.

Zu den anderen wichtigen staatlichen Leistungen zählen unter anderem auch:

- Das Kinder- und Elterngeld
- Der Kinderzuschlag
- Das Wohngeld
- Das Arbeitslosengeld I (ALG I)
- Das Arbeitslosengeld II (ALG II) und Sozialgeld
- Die Hilfe zum Lebensunterhalt (SGB XII)

8.3 Hilfsangebote für Kinder

„Erinnere Dich zu jeder Zeit an die Worte Deiner Eltern und bewahre sie in Deinem Herzen."

Und genau das tun Kinder. Sie bewahren die Worte ihrer Eltern und alles andere, was sie getan oder auch nicht getan haben, in ihrem Herzen. Und nicht nur dort. Die Seele, der Geist und somit die gesamte Persönlichkeitsentwicklung werden ebenfalls von dem geprägt, was die Eltern vorleben.

Steht eine Trennung bzw. Scheidung an, so ist das nicht nur für die involvierten Erwachsenen sehr schmerzhaft, sondern auch für ihre gemeinsamen Kinder eine schwere seelische Belastung. In jedem Fall braucht das kleine Wesen eine besondere und sehr behutsame Unterstützung bzw. Hilfe, welche in einem angemessenen Rahmen stattzufinden hat, um dem Kind die optimalen Voraussetzungen zu bieten, sich geistig, körperlich und emotional positiv zu entwickeln.

„Die Gruppe ist wie die Arche Noah."
(Mila, 12 Jahre)

Im Laufe der Zeit haben sich Kinderscheidungsgruppen in Deutschland vor allem an Beratungsstellen etabliert. Dieses Angebot ist speziell auf die Bedürfnisse von Kindern bei Trennung und Scheidung ausgerichtet. Diese Gruppen haben nicht mehr als acht Teilnehmer im Alter zwischen sechs bis neun und neun bis zwölf Jahren, wobei die Geschlechter gemischt sind.

In den Gruppensitzungen wird den Kindern ein freies strukturiertes Spielen ermöglicht, welches ein bestimmtes Thema umfasst, was mit der Scheidung der Eltern zusammenhängt. Hierzu zählen zum Beispiel: Meine eigene Wohn- und Lebenssituation, Vorteile und Nachteile einer Scheidung, Abschied von unerfüllbaren Wünschen und Erwartungen u. v. m.

Die Kinder profitieren besonders von der Solidarität der Kinder untereinander und lernen offen über ihre Gefühle zu sprechen und sie auszudrücken. Sie können ihre Erfahrungen austauschen und mit ihnen zusammen neue Sichtweisen erwerben.

Das Ergebnis zeigt, dass der Selbstwert der Kinder durch Freude und Erholung im Spiel beim Kontakt mit gleichaltrigen Kindern erhöht wird, dass sie neue Formen der Problemlösung erlernen und erproben und, dass die Scheidungskinder positive Verhaltensänderungen aufzeigen, sowohl in der Schule als auch zu Hause.

Zu den positiven Aspekten zählen unter anderem auch, dass die Kinder ihre Gefühle häufiger und besser mitteilen können, lernen sich besser durchzusetzen und sie eine größere Selbständigkeit entwickeln. Um Kindern zu helfen, mit der schwierigen belastenden Situation, die eine Scheidung der Eltern mit sich bringt, besser fertig zu werden, wurden zudem Programme entwickelt, in denen die Betroffenen mit anderen Kinder ihre Gedanken und Gefühle in Bezug auf Scheidung austauschen, und spezielle Fertigkeiten erlernen können. Hierunter fallen zum Beispiel die Programme:

- *„Children of Divorce Intervention Programm"* (Pedro-Carroll 1999)
- *„Divorce Adjustment Projekt"* (Stolberg und Garrison 1985)
- *Gruppeninterventionsprogramm für Kinder mit getrennt lebenden oder geschiedenen Eltern*
- *Gruppentraining mit Kindern aus Trennungs- und Scheidungsfamilien*
- *Gruppeninterventionsprogramm „Rainbows"* (vgl. Werneck und Werneck-Rohrer 2003, S. 174).

Diese Angebote sind für Kinder aus Scheidungs- bzw. Trennungsfamilien eine wichtige Hilfestellung auf deren Weg zurück in ein *„normales"* Leben.

Eine wichtige Institution ist die *Tageseinrichtung für Kinder*. In den sozialpädagogischen Einrichtungen werden Kinder für einen Teil des Tages oder ganztags betreut, in ihrer Entwicklung unterstützt und, ihrem Alter entsprechend, zu einer eigenverantwortlichen und gemeinschaftsfähigen Persönlichkeit gefördert.

Die Aufgaben dieser Einrichtungen beinhalten die Betreuung, Bildung und Erziehung der Kinder. In Kindertageseinrichtungen besteht die Möglichkeit, mit den Kindern nicht alltägliche Situationen anzusprechen. Da hier in der Regel eine Gruppe fester Mitglieder täglich zusammenkommt, ist eine intensive Arbeit möglich.

In diesem Zusammenhang kann Informationsarbeit betrieben werden. Sie kann in Form von Spielen, Bilderbuchbetrachtungen, Geschichtenlesen, Diskussionen, Gesprächen mit anschließendem gestalterischem Ausdruck oder auch in Arbeitsgruppen erfolgen. Vielfach handelt es sich um aktuelle Themen, die in der Gruppengemeinschaft aufgegriffen werden, z. B. der Streit zwischen den Eltern oder der Auszug eines Elternteils.

Ein weiterer Gesichtspunkt wäre hier die Elternarbeit. Je nach Einrichtung werden eine Vielzahl von Angeboten, wie z. B. Elterngruppen und Elternseminare, Themenspezifische Gesprächskreise, Elternstammtische, Treffpunkt für Alleinerziehende u. ä., angeboten. Diese richten sich nach den Bedürfnissen und Ansprüchen bzw. der Altersgruppe der Kinder, Eltern und der Umgebung.

Die Institution Schule spielt hierbei ebenfalls eine wichtige Rolle. Mittlerweile ist an fast jeder Bildungsstätte ein Schulsozialarbeiter eingesetzt, der mit folgenden Aufgaben befasst ist (vgl. Jaede 2006, S. 119):

- Beratung von Schülern, Eltern und Lehrkräften
- Unterstützung und Aktivierung der Eltern
- Arbeit mit einzelnen Schülern und Kleingruppen, über einen längeren Zeitraum
- Teilnahme an Konferenzen usw.

Dementsprechend sind Sozialpädagogen an Schulen von großer Bedeutung, die auch außerhalb des Unterrichts unterschiedliche Themen ansprechen können und je nach Einzelfall unterstützende Wirkung erzielen können. Außerdem haben sie weite Netzwerke, mit denen sie in Verbindung stehen. Eine weitere wichtige Hilfe für Kinder kann, unter Umständen, der Einsatz einer Verfahrenspflegerin bzw. eines Verfahrenspflegers sein.

Dies ist vor allem dann notwendig und verpflichtend, wenn für die Zukunft des Kindes wichtige Entscheidungen getroffen werden müssen und ein Interessenkonflikt zwischen Eltern und Kind besteht, bei dem die kindlichen Bedürfnisse und Rechte durch die Eltern nicht mehr angemessen wahrgenommen werden (können).

8.4 Der Einsatz des Verfahrensbeistands in Kindschaftssachen

Der Verfahrensbeistand begleitet und unterstützt das Kind zum Beispiel bei der Anhörung vor Gericht nach § 50 b FGG, oder der Durchführung eines Sachverständigengutachtens nach § 12 FGG und fördern insgesamt eine kindgemäße Gestaltung des Gerichtsverfahrens und vor allen Dingen eine Sicherstellung des Umgangsrechts des Kindes mit beiden Eltern. Hierbei kann ein Umgangspfleger, der vom Familiengericht eingesetzt wird, eine große Hilfe sein.

Grundsätzlich kann das Familiengericht einen Verfahrensbeistand für ein minderjähriges Kind im Rahmen eines seine Person betreffenden Verfahrens nach § 50 FGG, bestellen, wenn dies zur Wahrnehmung seiner Interessen oder wegen *Kindeswohlgefährdung* erforderlich ist.

Ein Trennungs- und Scheidungsverfahren ist immer ein zutiefst verletzendes Ereignis. Häufig erlebte ich Mütter, dass sie aufgrund des zugefügten Schmerzes, weil zum Beispiel der Partner fremdgegangen ist, ihre unbändige Wut in Rache umwandeln. Aussagen wie: *„Du wirst dein Kind niemals wieder sehen."*, stehen an der Tagesordnung. Ich erinnere mich sehr gut an solche Gespräche. An dieser Stelle ist es wichtig gemeinsam zu erkennen, dass das Kind den Umgang zu seinem liebevollen Vater braucht, um die *heranwachsende Seele* in diesem schweren Prozess zu begleiten.

Wenn dies nicht gelingt, unterstützt der sogenannte *Umgangspfleger*, der vom Familiengericht eingesetzt wird, den Umgang zwischen dem Kind und dem nicht im Haushalt lebenden Elternteil. Das Kind ist somit aus der *„Schusslinie"*.

Andere Hilfsangebote, außerhalb des sozialpädagogischen Arbeitsfeldes für Kinder, wären z. B. Individualtherapien bei Scheidungskindern. Eine weitere Therapiemöglichkeit wäre auch die Spieltherapie. Zu erwähnen ist hierbei die Technik des Geschichtenerzählens (Märchen für Scheidungskinder).

Ein wichtiger Punkt in dieser Arbeit, ist die *ressourcenorientierte Vorgehensweise*. Ressourcen sind Möglichkeiten und günstige Umstände für Problemlösungen, der Lebensbewältigung, der Lebensfreude, des Glücks (vgl. Petzold 1997). Damit sind sie mehr als nur ein Mittel zur Bewältigung von Problemen. *„Die Ressourcen sind wichtiger als das Problem".*

Im Hintergrund darf nicht vergessen werden, dass Eltern die ersten Ansprechpartner für Kinder sind. Daher müssen die Erwachsenen über die verschiedenen Angebote informiert werden und sie im weiteren Verlauf ihre Kinder darüber aufklären. Informationsmaterial, wie Broschüren, Flyer etc. für Erwachsene, wie auch passende, themenbezogene Bilderbücher für Kinder sind demnach sehr wichtig und können der erste Schritt zur Hilfe sein.

Zwischen Feldern und Gedanken
sind es mögliche zehn Jahre.
Sehnsucht dieser erweiterten Distanz von Elf Minuten.
Suchende Stille,
Orientierung und Liebe.
Erlebte verletzende Worte,
wie schwere Steine auf dem Rücken meines Lebensweges.
Allein möchte ich sie abwerfen.
Mittlerweile eine Sortierung meines Lebens,
dass ein Multiplizieren wundervoll sein kann.
Der mir Fremde eröffnet Pforten meiner Mauer.
Weil er liebt.
Liebe ist das Höchste des Gesetzes.
Aller Gesetze.
Wissend und Versuchend ihm zu entkommen.

8 Hilfen für betroffene Kinder und ihre Familien

Es wird gelingen ihn zu umarmen.
Es wird gelingen.
Liebe und Hoffnung in Begleitung.
Papa, wann sehe ich dich wieder?

Nathalie S., 14 Jahre

9

Das Wechselmodell

„Ein Fluch oder ein Segen?"

„Heutzutage scheinen einige Väter, die besseren Mütter zu sein."

Familienrichterin

Vor diesem Hintergrund dieser provokanten Aussage einer Richterin ist es nur folgerichtig, dass eine wachsende Vielzahl von Vätern sich auch im Falle einer Trennung nun nicht mehr mit der Rolle des vierzehn tägigen Besuchsvaters am Wochenende zufriedenstellen lässt. Die Zeiten, in denen die Fürsorge und Erziehung der Kinder allein von Frauen übernommen wurden, sind endgültig vorbei. Die große Mehrheit der Väter übernehmen nicht mehr allein die Rolle des Ernährers, sondern fühlen sich mehr oder weniger verpflichtet dem Kind gegenüber in pflegerischen und erzieherischen Aufgaben im Alltag zur Seite zu stehen. Dies erkennen Sie z. B. daran, dass fast jeder dritte Vater zumindest einen Monat in Elternzeit geht und somit Anspruch auf das Elterngeld hat. Sodass es einleuchtend ist, wenn beide Eltern oder ein Elternteil die Umsetzung des Wechselmodells: Die Kinder leben abwechselnd bei Mutter und Vater, in Erwägung zieht. Dies wirft verständlicherweise einige rechtliche, psychologische und *pädagogische Komplexitäten* auf. Darüber hinaus müssen wir uns mit der Frage auseinandersetzten, wie Kinder das Wechselmodell erleben und welche Faktoren für ein Gelingen des Wechselmodells fördern. Denn nur dann ist es Eltern, als auch vielfältigen Ressourcen an Unterstützung möglich, die Kinder in ihrem einschneidenden Erlebnis zu begleiten.

9.1 Das Paritätsmodell

Das Wechselmodell, auch die *paritätische Doppelresidenz* genannt, existiert seit nun mehr als 15 Jahren. In einem Urteil von 2005 definierte der Bundesgerichtshof das Wechselmodell als ein Modell, bei dem beide Eltern *„etwa die Hälfte der Versorgungs- und Erziehungsaufgaben"* übernehmen. Das Wechselmodell ist in Deutschland nicht gesetzlich geregelt, sodass es für einige Familienrichter schwierig scheint bei hochgradigen elterlichen Konflikten diese Form des *„Umgangs"* zu entscheiden. Einige Väter, die nicht das Sorgerecht innehaben, sind erleichtert, dass eine Kinderbetreuung nach diesem Modell losgelöst vom gesetzlichen Sorgerecht ist, welches nach deutschem Recht in der Regel beiden Elternteilen gemeinsam übertragen werden kann. (vgl. www.bundestag.de, S. 5).

So kann ebenfalls ein nicht sorgeberechtigter Vater bzw. eine nicht sorgeberechtigte Mutter die Hälfte der Betreuung des Kindes übernehmen. Demnach kann das Wechselmodell unabhängig von der elterlichen Sorge umgesetzt werden. Die paritätische Doppelresidenz wird häufig als eine fünfzig fünfzig Zeitaufteilung unter einem Wechselmodell verstanden. Wenn wir aber die *sozialwissenschaftli-*

che Forschung gegenüber stellen, ist es kein Definitionskriterium, denn hier genügt es, wenn ein Drittel bei einem Elternteil und zwei Drittel bei dem anderen Elternteil die Zeit verbracht wird. Diese Zeit ist Alltag und schließt das Wochenende mit ein. Die Kinder sind bei beiden Elternteilen zu Hause und erleben nicht nur den Umgang mit dem im nicht haushaltlebenden Elternteil. Dies kann ggf. zu gravierenden Schwierigkeiten führen. Hier fließt die rechtliche und pädagogische Komponente mit ein, die bei beiden Eltern bleibt, trotz Trennung und Scheidung.

Wenn wir uns die verschiedenen unumstritten *Stressoren* ansehen, die Kindern das Leben nach der Trennung und Scheidung ihrer Eltern erschweren, muss jedem Elternteil deutlich werden, wie wichtig es ist diese Entscheidung des Wechselmodells zu überdenken. Hierzu zählen:

- der Verlust eines Elternteils oder der fehlende Kontakt zu einem Elternteil
- die Überbelastung des alleinerziehenden Elternteils
- ökonomische Probleme
- elterlicher Konflikt.

Die Ressourcen die den jeweiligen Stressoren zuordnet werden, sind:

- ausreichende Zeit mit beiden Elternteilen
- geteilte elterliche Verantwortung
- ökonomische Unterstützung
- Konfliktdeeskalation.

Prof. Dr. jur. Hildegund Sünderhauf, Professorin für Familienrecht und Kinder- und Jugendhilferecht, fand 45 internationale qualitative und quantitative Studien zu den Auswirkungen des Wechselmodells. Die überwiegende

Mehrheit kam zu eindeutig positiven Ergebnissen. Kinder, die in einem Wechselmodell betreut werden und dadurch mehr Zeit mit dem Vater den Alltag erleben können, eine stärkere emotionale Eltern-Kind-Bindung intensivieren.

Sodass die *verletzten Kinderseelen* aufgrund dieses Modells das „*Band der Bindung*" ähnlich bzw. gleich aufrechterhalten können wie bei „*intakten*" Familien. Aus der Sicht von Sünderhauf sei dies das überzeugendste Argument, dass Eltern sich zwangsläufig mit dem Wechselmodell beschäftigen müssen, um ihren Kindern einen seelisch gesunden Lebensweg zu ermöglichen. Darüber hinaus ist es äußerst Interessant, dass einige Studien herausfanden, dass die Kinder eine innigere Beziehung zu ihrem Vater haben, als die in zusammenlebenden Familien, weil sie ihren Vater in einer ganz anderen Elternrolle erleben, die der Vater beim Bestehen der Familie nie erreicht hätte. Erst durch das Wechselmodell ist der Vater in der Lage seine Vaterrolle weitgehend auszuüben (vgl. Sünderhauf 2013).

An dieser Stelle ist zu betonen, dass viele Mütter die Sorge haben, dass die positive Bindung zum Kindesvater zulasten der Kindesmutter fällt. Die Befürchtungen werden ernst genommen, lassen sich allerdings durch zahlreiche Studien belegen. Die *Mutter-Kind-Bindung* ist und bleibt das stärkste unsichtbarste Band. Dies ist eine sehr wichtige Botschaft, denn ich kann mich an kaum ein emotionsloses Beratungsgespräch erinnern, an dem die Kindesmutter nicht ihre massiven Ängste äußerte. Laut der Befürworterin des paritätischen Konzepts kam Prof. Dr. jur. Hildegund Sünderhauf zu dem Entschluss, dass ein funktionierendes Wechselmodell die beste Betreuungslösung für Kinder getrennt lebender Eltern ist.

Dennoch sind einige Familienrichter sehr skeptisch und halten diese Form des Betreuungsmodells für keine grundsätzlich empfehlenswerte Lösung, vor allem dann nicht, wenn ein Elternteil sich dagegen ausspricht oder die Kommunikation zwischen Kindesvater und Kindesmutter massiv konfliktbehaftet ist. Auch bei jungen Kinder wird das Wechselmodell ungern von den Familienrichtern entschieden. In diesem Zusammenhang möchte ich Ihnen anhand eines Fallbeispiels eine mögliche Entscheidung vorstellen:

Max ist zehn Jahre alt und lebt seit der Trennung seiner Eltern im wöchentlichen Wechsel bei seiner Mutter bzw. seinem Vater. In dem letzten halben Jahr wurde beobachtet, dass Max häufig unkonzentriert ist und seine schulischen Leistungen erheblich nachgelassen haben. Als die Klassenlehrerin den Jungen nach den Gründen für sein Unwohlsein befragt, vertraut Max sich seiner Lehrerin an. Nach einem kurzen Schweigen erklärt der zehn Jährige: „Bei Mama fühlt sich eine Woche immer so an, als seien nur zwei Tage vergangen. Bei Papa fühlt es sich nach zwei Tagen so an, als sei eine ganze Woche vergangen. Mir ist dann oft langweilig und Papa schimpft nach der Arbeit. Eigentlich will ich an allen Schultagen bei Mama wohnen. Ich trau mich das aber nicht zu sagen, weil dann Mama und Papa wieder miteinander streiten."

Was wird anhand dieser Aussage von Max deutlich? Es ist offensichtlich, dass Max sehr viel daran liegt, die Erwartungen seiner Eltern nicht zu enttäuschen, auch wenn dies auf Kosten seines Wohlbefindens geht. In diesem Zusammenhang muss sich folgende Frage gestellte werden: Was können Eltern tun, um ihrem geliebten Kind den Druck zu nehmen? In diesem Fall sollten sich die Eltern darauf verständigen, das konkrete Wohl ihres Kindes in den Mittelpunkt zu stellen. Welche Änderungen an dem eine Zeitlang funktionierenden Wechselmodell sinnvoll sind, sollte schnellstmöglich mit passgenauer Unterstützung, wie professioneller Beratung bzw. Mediation, unter altersangemessener Beteiligung des Kindes beim Familiengericht oder mit der zuständigen Sozialarbeiterin ausgehandelt werden.

Sofern von einem Gerichtsurteil abgesehen wird und die Eltern sich außergerichtlich einig werden wollen. Nicht immer muss das Familiengericht bei dieser Entscheidung mit einbezogen werden. Sollten die Eltern in ihren eigenen *„vier Wänden"* keine einvernehmliche Lösung finden, kann das Jugendamt durchaus eine sinnvolle Unterstützung sein – noch vor dem Einschalten des Familiengerichts.

9.2 Die Entscheidung des Jugendamtes

Wenn der Wächter, die Wächterin des Staates an familiengerichtlichen Verhandlungen teilnimmt, um sich ggf. für das Wechselmodell auszusprechen werden folgende *Komponenten* berücksichtigt – denn nur durch diese Faktoren wird das *Gelingen eines Wechselmodells* mit annähernd gleichen Betreuungsanteilen gefördert: Dabei wird zwingend beachtet, ob das Kind sich dieses Betreuungsmodell vorstellen kann.

Der Wunsch des Kindes wird in einem gemeinsamen Gespräch, noch vor dem Gerichtstermin erfragt. Dieser Wille des Kindes sollte jedoch nicht unhinterfragt bleiben. Dabei spielt das Wohl des Kindes eine vorrangige Rolle. Qualitative Forschungsarbeiten zeigen, dass Kinder sich manchmal dezidiert an Elternwünschen oder eine ihnen vorgegebene Aufteilung halten, um ihre geliebten Eltern nicht zu verletzen. Kinder wagen es dann häufig nicht, einen eigenen abweichenden Wunsch zu äußern (vgl. Dimpker et al. 2015).

Des Weiteren fällt unter die *Entscheidungsmacht*, ob das Kind eine gleichwertig positive Eltern-Kind-Beziehung zu beiden Elternteilen hat. Das Kind muss eine gute Bindung zu beiden Elternteilen haben, nur dann wird das Jugendamt erst „*hellhörig*", wenn der Wunsch des Wechselmodells umgesetzt werden soll. Meistens sind es die Väter, die den Anstoß zu dieser Betreuungsform geben. Sodass das Jugendamt umfassende Gespräche auch mit dem Kindesvater führt, um sich einen intensiven Eindruck des Familienbildes, unter Berücksichtigung des Kindeswohls, gem. § 8a SGB VIII zu machen. Hierfür bedarf es an zahlreichen Gesprächen im Haushalt des Kindesvaters, als auch der Kindesmutter. Sodass ich jeden Elternteil bestärke, falls ihnen die Gespräche zu „*kurz*" vorkommen, unbedingt weitere Gespräche einzufordern. Ist es den Eltern aufgrund des *kurzfristigen Anberaumens* des Familiengerichts nicht möglich, noch vor der Gerichtsverhandlung einen zeitnahen Termin mit dem Jugendamt zu vereinbaren, sollten Eltern sich dennoch trauen, die Gerichtsverhandlung zu vertagen. Denn eine Entscheidung das Wechselmodells betreffend, braucht genügend Raum zur Klärung. Eltern dürfen keine Angst haben, das Jugendamt um mehr Gespräche zu bitten. Das Familiengericht wird die Anmerkung der Kindeseltern gerne beachten und respektieren.

Darüber hinaus fließen die Wohnorte der Kindeseltern in die Entscheidung mit ein. Liegen die Lebensorte der Eltern in unmittelbarer Nähe und ermöglichen dem Kind, unkompliziert zum anderen Elternteil, zu Freunden und den Freizeitaktivitäten, wie Vereinsanbindung, Musikschule etc. zu gelangen, kann ein Wechselmodell durchaus Gelingen. Zudem wird streng überprüft, ob die Eltern bereit und in der Lage sind, sich auf veränderte Bedürfnisse des Kindes einzustellen. Demnach müssen die Betreuungsregelungen den Bedürfnissen des Kindes auf zweierlei Weise flexibel angepasst werden. Auf diesem Hintergrund sind die Eltern ihren Kindern gegenüber verpflichtet einen ganz individuellen Lebensraum für aktuelle Betreuungsregelung abweichende Bedürfnisse ihres Kindes freizulassen und müssen dabei schrittweise die sich verändernden Alterserfordernisse berücksichtigen.

Ebenfalls ist ein entscheidender Faktor für die Befürwortung des Wechselmodells die Tragfähigkeit der Elternbeziehung. Es muss ein Mindestmaß an Übereinstimmung, eine ausreichende Kooperation und vor allem ein niedriges Konfliktpotential bestehen, um das Jugendamt bzw. das Familiengericht von dieser Betreuungsform zu überzeugen.

Des Weiteren wird das Alter des Kindes bei der *Beschlussfassung*, insbesondere mit Übernachtungen berücksichtigt. Für die Altersgruppe Null bis Dreijährigen ist dieses Betreuungsmodell mit langen Trennungsphasen von einer Hauptbindungsfigur nicht zu empfehlen, zumindest dann nicht, wenn das Kleinkind keine annähernd gleichwertigen Bindungen zum getrennt lebenden Elternteil besitzt. Wenn allerdings die Versorgung und Betreuung des Kleinkindes schon vor der Trennung geteilt wurde, der Vater, als auch die Mutter ihr geliebtes Kind zu Bett brachten und gleichzeitig aus dieser Alltagspraxis heraus zu beiden Eltern eine gute Bindung aufgebaut werden konnte, ist durchaus ein Wechselmodell mit Übernachtungen denkbar. Wenn diese Komponenten nicht mit in die Entscheidung einfließt, besteht die Gefahr, dass das Kind einen partiellen Verlust des nun getrennt lebenden Elternteils bewältigen muss. Dieses widerspricht wiederum dem Wohle des Kindes (vgl. Dimpker et al. 2015).

Wenn wir uns nun die *Faktoren für ein Gelingen des Wechselmodells* ansehen, wird deutlich, dass ein Widerstand eines Elternteils gegen die Betreuungsform der größte Risikofaktor für eine erfolgreiche Umsetzung ist (vgl. Sünderhauf 2013). Aber solange sich Eltern einvernehmlich und unter Berücksichtigung ihrer individuellen Lebenssituation für das Wechselmodell entscheiden, sich dabei in ihrem Lebensweg nach der Trennung unterstützt fühlen und diese

Betreuungsform dem Wohle des Kindes obliegt, kann dieses Modell für Kinder durchaus eine gute Lösung sein. An dieser Stelle ist hervorzuheben, dass Elternrecht, vor allem Elternverantwortung bedeutet, die darin besteht, das Kind zu seinem Recht kommen zu lassen. Denn Kinder sind kein Besitz der Eltern, den es im Trennungsfall einfach aufzuteilen gilt. Wenn wir uns den Gesetzestext ansehen heißt es im Art. 3 Abs. 1 UN-Kinderrechtskonvention (UN-KRK), dass bei allen Kindern betreffenden Maßnahmen *„da Wohl des Kindes ein Gesichtspunkt, der vorrangig zu berücksichtigen ist."*

9.3 Das Wechselmodell aus der Sicht des Kindes

Die Meinungen, ob sich Kinder das Wechselmodell wünschen, wird bei den Experten derzeit eifrig diskutiert. In einigen Fällen, wenn sich Kindeseltern ohne Streitigkeiten für das Wechselmodell entscheiden, stehen die Kindesinteressen im Vordergrund. Diese Eltern erkennen, dass *das Glück und das Wohlergehen ihres Kindes* an erster Stelle stehen muss. Durch die zerrüttete Beziehung des einst Liebespaares, gelingt es den *„Kinderseelen"* das einschneidende Erlebnis besser zu verarbeiten, da sie nicht in die Streitigkeiten mit einbezogen werden und damit nicht in *kindeswohlschädliche Loyalitätskonflikte* geraten. Doch wie nehmen die Kinder die Betreuung im Wechselmodell tatsächlich wahr, wenn sie ihre Zeit in zwei Haushalten und damit Lebenswelten aufteilen? Bislang werden Sie hierzu kaum Literatur finden. Während meiner Amtszeiten im Jugendamt beleuchtete ich das Wechselmodell äußerst kritisch, sodass es mir am Herzen lag nach den Entscheidungen des Familiengerichts die Kinder nach einer geraumen Zeit zu befragen, wie sie diese Betreuungsform erleben. Demnach lässt sich rückschließen, dass aus meiner Profession heraus, das Wechselmodell meist per „*Anwaltsschreiben*" auf den Aktentisch des Familiengerichts kam. Sodass mir unbekannt ist, wenn Eltern sich außergerichtlich einigen. An dieser Stelle möchte ich Ihnen ein Beispiel aus meiner beruflichen Praxis schildern:

Eines Nachmittags erschien der vierjährige Kevin gemeinsam mit seinen Eltern im Jugendamt. Der Termin wurde Wochen vorher anberaumt. Einen früheren Termin konnte ich leider nicht anbieten. Dass ich eine „emotionsaufgestaute" Frau mittleren Alters im Stuhl scharren hörte, war unvermeidlich. Die Eltern des gerade vier Jahre alt gewordenen Kevin hatten sich nach der Trennung außergerichtlich für das Wechselmodell entschieden. Da diese Betreuungsform nicht mehr zu funktionieren schien, setzte sich die Personensorgeberechtigte mit mir in Verbindung. Nun zum Sachstand: Von Beginn an kümmerten sich beide Eltern in etwa gleich um Kevins Erziehung. Folgende Vereinbarung haben die Kindeseltern getroffen: Die Tage von Freitag nach der Kita bis Montag früh verbringt der Junge bei dem Kindsvater, die übrigen Tage bei der Kindesmutter. Die Kindesmutter berichtete, dass die ersten Übernachtungen beim Vater ungewöhnlich unruhig verliefen. Die aktuelle Situation: Kevin schläft nicht mehr ein, wacht nachts mehrfach verängstigt auf und lässt sich von seinem Vater kaum beruhigen, sodass die Kindesmutter nachts den gemeinsamen Sohn abholen musste. Am Freitag vor dem dritten Wochenende löste der Vierjährige am Eingang der Kita nur sehr schwer von der Kindesmutter und zeigte massive Trennungsängste.

Was ist Ihre Vermutung auf Kevins Verhalten? Nun, es ist offensichtlich das Kevin auf das hälftige Betreuungsarrangement seiner Eltern verängstigt reagiert, obwohl er seit jeher mit beiden Eltern im Alltag gut vertraut ist. Den Vierjährigen überfordert diese für die Eltern gerechte Betreuungslösung seine Anpassungsfähigkeit. Die Kindeseltern verstehen das Verhalten ihres Kindes als normale Trennungsreaktion in einer stark belastenden Situation. Daraufhin erarbeiten die Eltern, mit Unterstützung des Jugendamtes folgende Möglichkeit: Der Vater betreut seinen Sohn nicht nur von Freitag bis Montag, sondern zusätzlich einige Stunden an einem weiteren Tag betreut, zugleich jedoch in den ersten drei Monaten keine Übernachtung bei ihm stattfindet. Nach drei Monaten wird erneut ein Termin im Jugendamt anberaumt. Die Rückmeldung: Kevin kommt mit der geänderten Regelung viel besser zurecht. Nach Ablauf der beschlossenen Frist sind Übernachtungen beim Vater dann problemlos möglich. In diesem Zusammenhang hatte ich die Eltern gebeten bei Schwierigkeiten einen neuen Termin zu vereinbaren. Wenige Monate später hatte ich einen Brief der Familie auf dem Schreibtisch. Kevin hatte mir ein Bild gemalt. Augenscheinlich machte das *„Kunstwerk"* seiner Seele einen positiven Eindruck. Diese *„überarbeitete"* Betreuungsform im Einvernehmen der Eltern, wirkte sich bestmöglich auf das Erleben des Kindes aus.

Ältere Kinder, die bereits intensive Bindungen zu beiden Eltern aufgebaut haben, unterstützen nicht selten ein Wechselmodell oder fordern es sogar selbst ein. Auf diese Weise wollen sie es beiden Eltern recht machen, ohne ein Elternteil zu bevorzugen und dadurch ein schlechtes Gewissen zu bekommen. Auch wenn in diesen Fällen das Pendeln zwischen zwei Lebensorten für das Kind zeitweise eine gute Lösung sein kann, sollten die Eltern doch aufmerksam sein, ob dieses Modell auf Dauer aufrechterhalten bleiben kann.

„Nun, auch wenn die Liebe völlig zerstört ist,
das Vertrauen gebrochen.
Die Solidarität bleibt dennoch bestehen.
Was nach einer Trennung übrig bleibt,
ist die Zwischenmenschlichkeit.

Ich will einfach nicht akzeptieren,
dass die zwischenmenschliche Ebene
mit der Mutter meiner Kinder,
in Scherben liegt.
Was ich damit sagen will ist, …
Wir küssen dieselben Kinder und
wir küssen dieselben Münder.
Es sind unsere gemeinsamen Kinder."

Kindesvater

10

Das Wächteramt

Obwohl Eltern das bestmögliche für ihre Kinder wollen, haben nicht alle Mütter und Väter das Kindeswohl ausreichend im Blick. Welche Bedeutung und Wichtigkeit Kinderschutz hat, ist uns in den letzten Jahren erheblich bewusster geworden. Während meiner Amtszeit, erfuhr ich jeden Tag von dramatischen Schicksalen von Kindern, die schwer vernachlässigt, sexuell missbraucht, physisch oder psychisch misshandelt wurden. Diese *„familiären Hilfeschreie"* erfordern eine jahrelange Begleitung der Familien. Dennoch möchte ich an dieser Stelle ausdrücklich betonen, dass es Interventionen gibt, die eine erfolgreiche Familienrückführung des Kindes in den Haushalt der Eltern ermöglichen. Es geht um die Aktivierung von personalen (Personen-internen) oder sozialen Ressourcen (vgl. Kinderschutz-Zentrum Berlin e.V. 2009). Dieses Ziel ist aber nur dann realisierbar, wenn Eltern, Kinder und das Helfersystem miteinander eng zusammenarbeiten. Ich erinnere mich noch sehr gut daran, als alle Ziele der sogenannten *Hilfeplanung, gem. § 36 SGB VIII* erreicht wurden und ich den Einzugstermin des Kindes datiert hatte. Die

Begleitung des Kindes in seinen Lebensmittelpunkt zurück war ein Moment, der mich sehr berührt hat.

Allerdings sind es ausschließlich die gravierenden Fälle von *Kindesmisshandlung*, die im Sichtfeld öffentlicher Aufmerksamkeit sind. Abscheu, Wut und Entsetzen entstehen über das, was Eltern ihren Kindern antun. Sie werden von den Todesfällen: Jessica in Hamburg (2005), Kevin in Bremen (2006), Lea Sophie in Schwerin (2007) und von einer 27-jährigen Mutter die ihre sechs Kinder: Melina (1), Leonie (2) und Sophie (3) sowie ihre Söhne Timo (6) und Luca (8) in Solingen ermordete (2020), gehört haben.

Vor diesem Hintergrund ergeben sich zahlreiche Fragen: *Was brauchen Kinder für ihr Wohl? Wann liegt eine Kindeswohlgefährdung vor? Wie sehen die nächsten Schritte aus? Sind die Ängste vor dem Jugendamt, den „Wächtern des Staates" wirklich berechtigt? Bis zu welchem Punkt reicht elterliche Autonomie, und ab wann ist staatliche Intervention gefordert?* Insbesondere die beängstigende Frage: *Wann nimmt das Jugendamt mein Kind weg?* Die Antworten werden im Folgenden aus einer kinderrechtlichen Perspektive gegeben. Die Grundwahrheit: Eltern brauchen Klarheit und Transparenz, denn nur so gelingt eine gute Zusammenarbeit auf *„Augenhöhe"* zum Wohle des Kindes. Die Erörterung dient dazu, den Eltern klar vor Augen zu führen, welche rechtlichen Konsequenzen die Nichtannahme der staatlichen Hilfen für sie haben wird.

Durch die Erörterung soll die Möglichkeit geschaffen werden, früher und wesentlich stärker als bisher auf die Eltern – und gegebenenfalls auch auf das Kind – einzuwirken, um sie zu einer Kooperation mit dem Jugendamt und zur Annahme der notwendigen Leistungen der Kinder- und Jugendhilfe anzuhalten.

Eine *zentrale Herausforderung der Jugendhilfe* ist gerade angesichts einer erregenden Öffentlichkeit die Besonnenheit im Kinderschutz, der sich am Wohl der Kinder und nicht an den Emotionen der Öffentlichkeit orientiert (vgl. Kinderschutz Zentrum Berlin e.V. 2009). Den „*Wächtern des Staates*", als auch den Menschen die beruflich oder ehrenamtlich mit Kindern arbeiten, bedarf es einer offenen und interessierten Haltung gegenüber denjenigen, die ihre Kinder nicht angemessen versorgen, verwahrlosen lassen, sie misshandeln oder sie für eigene Zwecke missbrauchen. Sie können mir glauben, dass es eine große Profession abverlangt, wenn Sie einem Menschen gegenübersitzen, der eingesteht, sein Kind sexuell missbraucht zu haben oder ein Kindesvater der seinen Sohn züchtigte wie in der Antike bis zum 19. Jh. Die tiefen Striemen auf dem kleinen Rücken ließen jeden Polizeibeamten und Gerichtsmediziner erblassen.

Fachkräfte im *Auftrag des Kindeswohls* (KJHG, § 8a SGB VIII/§§ 1666, 1666a BGB) versuchen in der Regel, den Schutz des Kindes im Zusammenarbeit mit den Eltern zu erwirken. Wenn aber in der öffentlichen Wahrnehmung und heiklen Diskussionen das Jugendamt ausschließlich als Kontroll- und Eingriffsbehörde erscheint, rücken Angst und Misstrauen bei den Eltern in den Vordergrund.

Ich selbst wurde nicht nur beruflich mit dem Misstrauen und Ärgernis gegen das Jugendamt konfrontiert, sondern auch als Kind sah ich die inneren Räume des Amtes. Während meine Mutter verzweifelt im Gespräch die Hände vor das Gesicht schlug, damit ich ihre Tränen nicht sehen konnte, wurde ich von der Mitarbeiterin des Jugendamtes gebeten herauszugehen. Die Spielecke habe ich heute noch jüngsten vor Augen. Kurz darauf wollte das Jugendamt mit mir selbst sprechen. Aber ich war schüchtern und „*plauderte*" nicht. Meine Stille war absolut in Ordnung. Im Nachhinein kann ich Ihnen sagen, dass der Weg zum Jugendamt sehr steinig und schwer war, aber im Endeffekt die beste Lösung die meine Mutter in ihrem Leben traf. Ich erinnere mich, dass sie gestärkt und motiviert das Gebäude verließ. Ab diesem Augenblick hatte meine Biografie eine positive Wendung. Denn wir waren nicht mehr alleine mit dem Missstand.

Ziel des Erörterungsgesprächs mit der zuständigen Sozialarbeiterin war es, meinen Eltern zum einen die nach dem SGB VIII bestehenden Möglichkeiten öffentlicher Hilfe aufzuzeigen, durch die der Kindeswohlgefährdung begegnet werden kann.

Warum wende ich mich offenherzig mit diesen Zeilen an Sie? Nun lieber Leser, liebe Leserin, ich wünsche mir vom ganzen Herzen, dass Eltern sich vertrauensvoll vom Jugendamt Hilfe erbitten, wenn die Beziehungen mit ihren Kindern nicht gelingen. Hierfür sind Experten und Fachkräfte von großer Bedeutsamkeit. Denn Sie sind der *„Schlüssel"* für diese *„angstbesetzte Institution"*. Der Schutz von Kindern ist eine gesamtgesellschaftliche Aufgabe und eine gemeinsame Verantwortung. Das dürfen wir keineswegs unterschätzen.

10.1 Was heißt Kindeswohl?

Das Kindeswohl ist eine zentrale Bezeichnung und ein Entscheidungsmaßstab im Rahmen des Familiengerichts, welches sich nach dem BGB richtet. In diesem Zusammenhang ist das Kindeswohl einerseits eine zentrale Generalklausel, andererseits ein undefinierbarer Begriff, der ausgehend vom Einzelfall permanent konkretisiert werden muss. Gemäß § 1627 BGB sind die Eltern angehalten, die elterliche Sorge *„zum Wohl des Kindes auszuüben"*. *In § 1697a BGB wird das Kindeswohl zum allgemeinen Prinzip familiengerichtlicher Entscheidungen erhoben. Dort heißt es: „Soweit nichts anderes bestimmt ist, trifft das Gericht [...] die-*

jenige Entscheidung, die unter Berücksichtigung der tatsächlichen Gegebenheiten und Möglichkeiten sowie der berechtigten Interessen der Beteiligten dem Wohl des Kindes am besten entspricht" (vgl. Maywald 2016). Mit anderen Worten, Sie werden nirgends im rechtlichen Regelwerk die Definition des Kindeswohls finden, obwohl die Bezeichnung als *„Orientierung"* kindschaftsrechtlichen Handelns genutzt wird. Obwohl es eine Herausforderung ist, eine eindeutige Definition des Kindeswohls vorzulegen, ist es wichtig zu benennen, was Kinder für ein gesundes Aufwachsen, d. h. für ihre körperliche, psychische, emotionale und soziale Entwicklung benötigen.

Sehen wir uns die *sieben Grundbedürfnisse* von Kindern genauer an (vgl. Brazelton 2008, S. 1).

1. Das Bedürfnis nach beständigen liebevollen Beziehungen
2. Das Bedürfnis nach körperlicher Unversehrtheit, Sicherheit und Regulation
3. Das Bedürfnis nach individuellen Erfahrungen
4. Das Bedürfnis nach entwicklungsgerechten Erfahrungen
5. Das Bedürfnis nach Grenzen und Strukturen
6. Das Bedürfnis nach stabilen, unterstützenden Gemeinschaften und kultureller Kontinuität
7. Das Bedürfnis nach einer sicheren Zukunft.

Auch in Hinsicht auf die Umgangs- und Sorgerechtsregelungen hat die Frage nach dem Kindeswohl eine immense Bedeutsamkeit. Wenn Eltern in hoch strittigen Trennungs- und Scheidungskonflikten ihren machtvollen, gewaltsamen Kampf verfangen sind, verlieren sie den Blick auf die kindlichen Bedürfnisse. Die Kindeseltern sind nicht mehr in der Lage die Wünsche ihrer Kinder zu erkennen. Was das für das Erleben des Kindes bedeutet, haben Sie bereits gelesen. In diesen hochgradigen Streitigkeiten beantragt meist ein Elternteil beim Familiengericht das alleinige Sorgerecht. Im

Falle dieser Beantragung ist das Familiengericht verpflichtet zu überprüfen, ob es sich negativ auf das Wohl des Kindes auswirken kann, wenn beide Eltern die Personensorge ausüben. Das Familiengericht überprüft strengstens genau in Zusammenarbeit mit dem Jugendamt und dem Verfahrensbeistand, welche Entscheidung hinsichtlich der Sorgerechtsübertragung dem Kindeswohl am besten dient.

Um gesund aufwachsen zu können, benötigen Kinder eine herzliche und verlässliche Beziehung zu erwachsenen Bezugspersonen. Eltern, die im Umgang mit ihren Kindern feinfühlig sind, können ihre Signale wahrnehmen, diese richtig interpretieren und sie kinngerecht beantworten. Langfristig gesehen machen Wärme, Feinfühligkeit und Halt es Kindern möglich, ihre eigenen Gefühle zu spüren und später mit ihren eigenen Worten zu formulieren. Jede *wunderbare Kinderseele* ist auf seine Weise einzigartig und braut liebevolle Zuwendung und Wertschätzung. Die „*Kunst*" der Eltern besteht darin, auch in hochgradigen Trennungs- und Scheidungskonflikten ihre Kinder mit ihren individuellen Besonderheiten anzunehmen und zu fördern, auch wenn es mal „*schlechte*"Tage gibt.

10.2 Wann liegt eine Kindeswohlgefährdung vor?

„Mein Kind ist die Treppe runter gefallen…"
„Mein Baby ist in der Badewanne ausgerutscht…"
„Es hat sich den Kopf am Bettpfosten gestoßen…"
„Max hat den heißen Ofen angefasst…"
„So habe ich Julia gefunden, als ich zurückkam…"
„Wie bitte? Niemals würden wir unserem geliebten Kind so etwas antun…"
„Die anderen Kinder haben meinen Sohn verprügelt…"

10 Das Wächteramt

„*Ich weiß garnicht, wovon Sie sprechen …*"
„*Wir? Nein, ich würde mich umbringen, wenn das die Wahrheit wäre …*"
„*Das war mein Bruder er hat mich gehauen …*"

Wenn Sie diese Aussagen lesen, was wird Ihnen anhand dieser „*Darstellungen*" deutlich? Diejenigen die ihr Kind misshandeln, missbrauchen oder vernachlässigen, sehen sich in den meisten Fällen als „*Nicht am Geschehen beteiligt*". Sie sind absolut davon überzeugt, dass *Ihnen* etwas zugestoßen sei (*„Dass gerade mir das jetzt passieren muss! Wegen Max muss ich jetzt zum Arzt."*). Die Kindeseltern sehen sich nicht als verantwortlich Handelnde und stehen vor einem mysteriösen „*Rätsel*". Wenn es um die Schuldfrage geht, sind es immer die Anderen. Sie selbst haben keinerlei Probleme. Der Schein „*der Familienharmonie*" wird nach außen aufrechterhalten. Doch das Gegenteil ist der Fall: Die Eltern sehen sich selbst als Opfer, sodass das Gefühl entsteht, sie seien von Feinden umzingelt, zu denen auch die Fachkräfte des Kinderschutzes zählen, die diesen Familien Hilfe anbieten. Die Gefühle hinter diesen „*dicken Seelenwänden*" ist die Einsamkeit und Isolierung. Bei Nachfrage gehen diese Eltern in Deckung, verteidigen sind plump, weichen aus und lassen die Zeit spielen, als ob sie auf ein Wunder hoffen (vgl. Reinhold und Kindler 2014).

Das Wächteramt braucht für die Annahme einer Kindeswohlgefährdung folgende Elemente (vgl. Bergmann 2019):

Gefahr für das Kindeswohl: Mit anderen Worten, ein drohender Schaden für das geistige, seelische oder körperliche Wohl des Kindes. Für diese Gefahr für das Kindeswohl muss noch kein Schaden eingetreten sein, die Möglichkeit muss aber anhand konkreter Anhaltspunkte belegbar sein.

Gegenwärtigkeit der Kindeswohlgefährdung: Darüber hinaus muss die Kindeswohlgefahr unmittelbar bevorstehen oder bereits stattfinden. Es ist demnach nicht ausreichend, dass in der Vergangenheit Kindeswohlgefährdungen vorlagen, wenn sich aus diesen nicht schließen lässt, dass weitere Kindeswohlgefährdungen drohen.

Erheblichkeit des drohenden Schadens für das Kindeswohl: Der drohende Schaden am Kind muss von erheblicher Bedeutung sein. Das bedeutet, dass keine Kindeswohlgefährdung vorliegt, wenn der befürchtete Schaden nur unwesentlich oder vorübergehend eintritt. Hier muss das Wächteramt genauestens beachten, dass ein Entzug des Sorgerechts ein sehr erheblicher Eingriff in die Familienrechte des Art. 6 II GG sind. Daher muss ein gravierender und/oder nachhaltiger Schaden für das Kind drohen um von einer Kindeswohlgefährdung im Sinne des § 1666 BGB ausgehen zu können. Die Jugendämter und Familiengerichte haben nicht die Aufgabe die Idealeltern für Kinder zu suchen und/oder eine bestmögliche Versorgung der Kinder sicher zustellen. Vielmehr dürfen diese „Wächter" mit einem Kindesentzug wegen Kindeswohlgefährdung erst dann eingreifen, wenn die Versorgung des Kindes selbst Mindestanforderungen nicht mehr erfüllt.

Mit ziemlicher Sicherheit drohen: Die Kindeswohlgefährdung muss mit ziemlich hoher Wahrscheinlichkeit drohen. Das Wächteramt muss anhand belegbarer Anhaltspunkte aufzeigen, dass die Gefahr für das Kindeswohl tatsächlich droht.

Drohung mit dem Sorgerechtsentzug: Leider kommt es immer wieder zu Situationen, in denen das Jugendamt den Eltern mit dem Entzug des Sorgerechts bedrängt. Oft willigen Eltern unter diesem Druck in eine Fremdunterbringung ein, die Kinder „verschwinden" und es kommt gar nicht erst zu einer gerichtlich überprüften Entscheidung über die Kindeswohlgefährdung.

An dieser Stelle möchte ich darauf hinweisen, dass der *Maßstab der Kindeswohlgefährdung* ein sehr hoher ist, der nur nach sorgfältiger Prüfung bejaht werden kann. Dabei ist immer eine Abwägung sämtlicher Umstände unter Berücksichtigung der Anlagen und des Verhaltens des Kindes vorzunehmen. Diese Anstrengung sollte immer durchgeführt werden. Denn nur so lässt sich sicherstellen, dass auch tatsächlich eine für die Wegnahme der Kinder ausreichende Kindeswohlgefährdung vorliegt.

Kinder sind von Beginn an Träger eigener Rechte. Für die Umsetzung dieser Rechte sind in erster Linie die Eltern verantwortlich. Aber auch staatliche Stellen tragen Verantwortung für Kinderrechte. Gegen den Willen der Eltern darf der Staat erst dann in die elterliche Autonomie eingreifen, wenn das Wohl eines Kindes gefährdet ist.

In diesem Zusammenhang möchte ich Ihnen die Hauptformen von Kindeswohlgefährdung beschreiben (vgl. Kinderschutz Zentrum Berlin 2009):

- Körperliche Misshandlung
- Sexuelle Misshandlung
- Vernachlässigung
- Psychische/emotionale Vernachlässigung
- Beeinträchtigungen der elterlichen Erziehungskompetenz (z. B. durch elterliche Substanzabhängigkeit/geistige Behinderung/psychische Erkrankung von Eltern)
- Häusliche Gewalt

Aufgrund der Thematik dieser Literatur ist es mir ein wichtiges Anliegen auf den Gefährdungspunkt *„psychische Misshandlung"* näher einzugehen. Sie werden im Anschluss meinen Beweggrund erkennen:

Unter dieser *„Spezialform"* werden die eskalierenden Partnerschaftskonflikte, Gewalt zwischen den Eltern und häusliche Gewalt kategorisiert. In diesen kindeswohlgefährdenden Fällen wird das Kind wiederholt Zeuge und Opfer gewaltsamer Auseinandersetzungen zwischen seinen Eltern. Das Kind erlebt diese Situationen als extrem ohnmächtig und hilflos.

Darüber hinaus entwickelt es Schuldgefühle, weil es seinen geliebten Eltern nicht helfen kann. Das Kind erlebt massive Ängste, wird in seiner Entwicklung überfordert und behindert. (Einige Kinder entwickeln Symptome, wie z. B. Unkonzentriertheit, sozialer Rückzug, Aggressionen, Tagträume, Einnässen etc.) Sehen wir uns die langfristigen Symptome an, ist es durchaus Möglich, dass die betroffenen Kinder die Fähigkeit verlieren Beziehungen einzugehen und Konflikte mit angemessenen Mitteln zu lösen und bekämpfen diese ebenfalls mit Gewalt. Ein weiterer wichtiger Punkt sind die hoch strittigen, eskalierenden Trennungs- und Sorgerechtskonflikte. Das Kind wird im *„Dauerkrieg"* seiner getrennten Eltern ausgesetzt. Diese Eskalation *„wütet"* um das Sorge – und Besuchsrecht, um die Ausgestaltung der Kontakte zu den Eltern und um die Frage, was gut für das Kind ist. Es macht den Anschein, dass Eltern sich nicht einigen können oder wollen was für das Wohl des Kindes am besten entspricht. Die geliebten Eltern des Kindes beschuldigen sich gegenseitig, an der Trennung oder Scheidung Schuld zu sein, setzen den anderen Elternteil vor dem Kinder herab oder verfolgen das Ziel z. B. das Kind gegen den Vater auszuspielen. Sodass es vollkommen begründet ist, sich an dieser Stelle um das Wohl des Kindes zu sorgen. Manchmal eskalieren Sorgerechtskonflikte auch, weil Kinder noch lange nach der Trennung Verhaltensauffälligkeiten zeigen können. Es ist nicht selten, dass manche Kinder Rückschritte in ihrer Entwicklung machen oder nach den Besuchskontakten mit Trauer oder Aggressionen reagieren. Diese *„Irritationen"* werden schnell von den Eltern im Sinne ihrer eigenen Intentionen oder Sorgen interpretiert. Sie sind davon überzeugt, dass die Besuche ihrem Kind schaden. Um dieses *„Dilemma"* aufzubrechen, wird versucht mit Beratung oder Mediation die gravierenden Konflikte zu durchbrechen, mit der Hoffnung, dass sich Mutter und Vater weiterhin als Eltern begreifen und sich als Eltern gegenseitig wertschätzen.

Sie werden sich sicherlich einst die Frage gestellt haben, *warum wurde das Kind aus dem elterlichen Haushalt gebracht? Warum sind die Eltern in ihren Rechten beschnitten worden?* Die Frage der Trennung von Eltern und Kind ist eine moralisch und ideologisch hoch aufgeladene. Dieser Eingriff darf keineswegs als *„letzte Möglichkeit"* oder als *„Druckmittel"* gesehen werden, sondern als notwendige und angemessene Krisenintervention. Auch wenn es sich fremd anhört, kann die Trennung von Eltern und Kind eine Chance für alle Beteiligten sein. Es ist zu betonen, dass im Mittelpunkt eine vorübergehende Trennung steht. Die langfristige Rückführung des Kindes in seine Herkunftsfamilie ist das moralisch und rechtlich angestrebte Ziel jeder Fremdunterbringung. Die Voraussetzung dafür ist immer, dass die Kindeswohlgefährdung auf lange Sicht abgewendet wurde.

Auch wenn das Kind aufgrund von kindeswohlschädlichen Verhalten seiner Eltern, um eine *Inobhutnahme* bittet, wird das Jugendamt dem Wunsch des Kindes nachgehen.

Zusammenfassend lässt sich sagen, dass der Grad der Kindeswohlgefährdung und die Dringlichkeit einer zwangsläufigen Handlung untrennbar zusammen hängen. Wenn dem Jugendamt bekannt wird, dass ein Kind mit Würgemalen am Hals in die Schule gekommen ist, besteht eine Gefahr für Leib und Leben des Kindes. In diesem Fall ist ein schnelles Eingreifen absolut notwendig. Das *Wächteramt* ist verpflichtet das Kind zu befragen: Berichtet das Kind von alltäglichen Ohrfeigen, besteht einerseits eine

Gefährdungslage, dennoch muss hier nicht innerhalb der nächsten Minuten per „*Notfall*" gehandelt werden und das Kind wird auch nicht zwingend seine Herkunftsfamilie verlassen.

Stellen die Mitarbeiter des Jugendamtes fest, dass tatsächlich eine Gefährdung für das Kind vorliegt, sind sie verpflichtet, angemessene Maßnahmen einzuleiten. Dies ist wie folgt zu erklären: Immer dann, wenn eine Gefährdung für die körperliche oder seelische Entwicklung eines Kindes besteht und die Eltern nicht willens oder in der Lage sind, diese Gefährdung abzuwenden, muss eine *Inobhutnahme, gem. § 42 SGB VIII* erfolgen. In diesem Fall wird das Kind in einer Einrichtung oder einer Pflegestelle untergebracht. Vor dieser Krisenintervention werden zunächst die Ressourcen des Kindes überprüft, sodass das Kind als Maßnahme ggf. bei seinen Großeltern verbleiben kann bis die Gefährdung abgewendet wurde. In diesem Prozess sind immer die Eltern miteinzubeziehen. Das Wächteramt ist verpflichtet die Personensorgeberechtigten über die Inobhutnahme und deren Gründe, die dazu geführt haben schnellstmöglich zu informieren. Es ist gang und gäbe, dass das Gespräch noch am selbigen Tag stattfindet. In diesem meist sehr emotionalen Gespräch soll geklärt werden, wie die Eltern die Situation einschätzen, ob eine *Bereitschaft zur Kooperation* besteht und welche Hilfsmöglichkeiten gegeben sind, um das Kind schnell wieder in den elterlichen Haushalt zurückzuführen. Der *Prozess der Rückführung* muss immer wieder überprüft werden. Mitarbeiter der Jugendhilfe sollten immer wieder das Jugendamt darauf hinweisen. Es ist mir ein großes Anliegen, dass Sie sich diesen Satz einprägen, denn er lauert bei all dem massiven Fallaufkommen des Jugendamtes oft *„in der dunkelsten Schublade"*.

10.3 „Und wenn Sie mir mein Kind wegnehmen?"

Vielleicht stehen Sie gerade vor dieser großen Frage. Es ist gleich, ob Sie sich selbst Sorgen um ihr geliebtes Kind machen, oder nach fundiertem Fachwissen suchen. Diese ängstliche Frage habe ich abermals gehört. Aber einst kann ich Ihnen festem Gewissen sagen: In den seltensten Fällen wird das Kind aus der Familie herausgenommen, insbesondere dann nicht, wenn sich Eltern selbst an das Jugendamt wenden und nach ausführlicher Offenbarung um Hilfe bitten. Die Begründung dafür ist, dass bereits weit vor einer tatsächlichen Gefährdungslage für das Kind eingegriffen werden kann. Eltern handeln mit ihrer Vorstellung beim Jugendamt präventiv. Dieser Weg wird von den *„Wächtern des Staates"* durchaus geschätzt.

Ich hoffe das es mir gelungen ist, die angstbesetzte Haltung vor dem Jugendamt zu nehmen. Ich versichere Ihnen, dass die Mitarbeiter des Jugendamtes nicht in geringster Weise das Interesse daran haben Familien auseinanderzureißen. Es geht dem *Wächteramt* ausschließlich um das Wohl des Kindes. Nur wenn die o. g. Gefährdungspunkte eintreffen und von den Eltern nicht abgewendet werden können, hat das Jugendamt, als auch das Familiengericht die *Garantenpflicht*. Denn die Verletzung der Garantenpflicht gehört zu den Rechtswidrigkeitsmerkmalen. Mit anderen Worten: Jeder „Wächter des Staates" kann wegen *„Unterlassens"* Strafrechtlich verfolgt werden. Sodass die Vertreter des Jugendamtes immer *„mit einem Bein im Gefängnis stehen."* Mit dieser Redewendung möchte ich Ihnen nahelegen, dass es einer äußerst strengen Überprüfung abverlangt, bis ein Kind tatsächlich aus der Herkunftsfamilie herausgenommen werden muss.

11

Wann hört der „Spuk" endlich auf?

Kinder erleben die Trennung und Scheidung ihrer Eltern als einen massiven Einschnitt in ihr Leben. Sie betrachten die elterliche Trennung aus einem anderen, konträren Blickwinkel. Die Gründe hierfür liegen in ihrem kognitiven Entwicklungsstand. Sie sehen sich als Verursacher der elterlichen Scheidungssituation und suchen die Schuld in ihrem Verhalten. An dieser Haltung lässt sich ablesen, wie wichtig es ist, dass Eltern ihre Kinder informieren, sie auf die kindlichen Bedürfnisse ihrer Kinder eingehen, ihre Reaktionen richtig deuten und somit verstehen lernen, wie Kinder solch ein Ereignis erleben.

Leider ist aber oft das Gegenteil der Fall. Die Erwachsenen erkennen nicht, wie herzzerreißend die Kinder solch eine Trennung erleben. Häufig sind sie in der Situation der Trennung bzw. Scheidung dermaßen mit ihren eigenen Problemen beschäftigt, dass sie nur an ihre eigene *„Trauer"* denken und vor allem noch nicht einmal erahnen, wie sich ihr Kind in der Situation fühlt. Aussagen von Kindern wie: *„Ist wahrscheinlich eh besser, dann gibt es weniger Krach zu Hause!"*, lässt den Elternteil in der falschen Annahme, dass alles in Ordnung ist.

Aber ist es denn überhaupt möglich, wenn wir richtig darüber nachdenken, allein mit dem gesunden Menschenverstand, oder nur mit durchschnittlichem psychologischen Fingerspitzengefühl, überhaupt vorstellbar, dass solch ein Ereignis wie die Trennung und Scheidung der Eltern einem Kind nichts oder „*kaum etwas*" ausmachen könnte?

An dieser Stelle ist ein sehr feinfühliges und aufmerksames Verhalten, als Erwachsener sehr wichtig. Es ist notwendig zu verstehen, aus welcher Perspektive Kinder die Trennung und Scheidung ihrer Eltern erleben und den Blick darauf wenden, wie schmerzvoll diese Phase für sie ist.

Sie lieben beide Elternteile und daran wird sich nichts ändern. Das bedeutet keineswegs, eine gescheiterte Ehe, die zerbrochen und ohne jede Chance ist, nur aus Liebe zu den Kindern zusammenzuhalten. Viel mehr sollte den Erwachsenen bewusst gemacht werden, was ein Kind in dieser Zeit braucht, was es sich wünscht und wie einem Kind geholfen werden kann, damit es möglichst ohne tiefe Narben aus diesem Erlebnis kommt.

> *Wie erleben Kinder die elterliche Trennung und Scheidung?*
> *Wie sind ihre Reaktionen und Empfindungen?*
> *Was wünschen sie sich in dieser Situation?*

Dies sind die Fragen, die mich dazu veranlasst haben, die kindliche Sicht der Trennung und Scheidung der Eltern zu verdeutlichen, um frühzeitig an dieser Stelle anzuknüpfen und ausschlaggebend fatale Folgen, von der Gegenwart bis zur Zukunft, zu vermeiden. Wohin das führen kann, habe ich nur zu gut in Erinnerung.

Und genau hier sind die Eltern die ersten Ansprechpartner, die vor allem ehrlich sein müssen und ihre Kinder über die veränderte Familiensituation aufklären und keinesfalls denken sollen: „*Meine Kinder sind noch zu klein, um dieses zu verstehen!*", – denn das ist der falsche Weg.

Sind die Erziehungsberechtigen in der Lage ihr Kind zu verstehen und verfügen sie über ein gewisses Wissen, gehe ich davon aus, dass es nicht nur *„Schattenseiten"* für *„unsere Scheidungskinder"* gibt. Während meiner langjährigen kindeswohlorientierten Erfahrung ist mir aufgefallen, dass sehr vielen Kindern genau diese wichtigen Informationen von ihren Eltern vorenthalten werden.

Die Realität: Der andere Elternteil wird negativ dargestellt, herabgesetzt und angegriffen, die neue Lebenspartnerin bzw. der neue Lebenspartner wird mit schlimmsten Ausdrücken beschimpft. Und das aller Schlimmste: die Kinderohren bekommen das alles mit.

Gerade in dieser Situation sollte das Kind im Mittelpunkt stehen und nicht vergessen werden, denn die Erwachsenen *„trauern"* nicht allein. Sie sollten ihrem Kind zuhören, was es zu sagen hat. Es darf auch mal laut Schreien und seine Gefühle mit hochrotem Kopf ausdrücken, oder auch mal böse auf die Eltern sein. Das alles ist vollkommen in Ordnung. Außerdem sollte das Kind, auch in solch einer schweren Situation, seine Kindheit genießen können und nicht ständig irgendwo gebraucht oder mit Veranstaltungen und Freizeitangeboten der Eltern überflutet werden.

Darüber hinaus möchte ich betonen, dass Kinder ausreichend Hilfe und Informationen über die Ereignisse in der Gesellschaft benötigen, durch die Trennung und Scheidung bedingt sind. Andernfalls besteht die Gefahr, dass sie eigene, ausschließlich negativ gefärbte Bilder aufbauen und sich daran orientieren. Darin kann die Ursache für weitreichende Verlustängste bis hin zu Selbstwertproblemen begründet sein.

Meines Erachtens müssen Kindern in Institutionen oder in Angeboten, z. B. in Gruppenstunden, die Möglichkeit haben, über ihre Erlebnisse in der Familie allgemein, oder gezielt über Trennung und Scheidung zu sprechen, damit eine positive Verarbeitung stattfinden kann. Es wäre hervorragend, wenn Eltern gemeinsam mit den Einrichtungen *„die ein zweites zu Hause"* darstellen, offen und ehrlich ins Gespräch kommen. Betonen möchte ich an dieser Stelle, dass zwar in allen Bereichen präventive Arbeit geleistet werden muss. Aber der wichtigste *„Stützpunkt"* ist das zu Hause. Der Ort, an dem wir bleiben wollen. Doch wie sehr die Kinder unter der Trennung leiden, haben die Eltern in der Hand.

Wenn ein Kind …
Wenn ein Kind …
Wenn ein Kind kritisiert wird,
lernt es, zu verurteilen.
Wenn ein Kind angefeindet wird,
lernt es, zu kämpfen.
Wenn ein Kind verspottet wird,
lernt es, schüchtern zu sein.
Wenn ein Kind beschämt wird,
lernt es, sich schuldig zu fühlen.
Wenn ein Kind verstanden und toleriert wird,
lernt es geduldig zu sein.
Wenn ein Kind ermutigt wird,
lernt es, sich selbst zu schätzen.
Wenn ein Kind gerecht behandelt wird,
lernt es, gerecht zu sein.
Wenn ein Kind geborgen lebt,
lernt es, zu vertrauen.
Wenn ein Kind anerkannt wird,
lernt es, sich selbst zu mögen
Wenn ein Kind in Freundschaft angenommen wird,
lernt es, in der Welt Liebe zu finden.

Quelle unbekannt

Literaturverzeichnis

Amato, P. R., & Keith, B. (1991). Parental divorce and the well – Being of children: A meta – Analysis. *Psychological Bulletin, 100*, 26–46.

Balscheit von Sauberzweig, P., Sponagel, M., Gasser, W. V., & Kling, H. M. (2003). *Scheidung. Meine Eltern trennen sich: Bd. 2. Das Buch für die Kinder*. Constantina: Atlantis/Orell Füssli.

Beal, E. W., & Hochman, G. (1994). *Wenn Scheidungskinder erwachsen sind. Psychische Spätfolgen der Trennung*. Frankfurt a. M: Fischer Taschenbuch-Verlag GmbH.

Bergmann, M. (2019). https://www.anwalt-kindschaftsrecht.de/was-ist-eine-kindeswohlgefaehrdung. Zugegriffen am 13.09.2019.

Bien, W. (Hrsg.). (1996). *Familie an der Schwelle zum neuen Jahrtausend. Wandel und Entwicklung familialer Lebensformen* (DJI: Familien-Survey, 6. Aufl.). Opladen: Leske & Budrich.

Böhnisch, L., & Lenz, K. (Hrsg.). (1999). *Familien. Eine interdisziplinäre Einführung* (2. Aufl.). Weinheim/München: Juventa. (Dresdner Studien zur Erziehungswissenschaft und Sozialforschung).

Brazelton, T. B., & Greenspan, S. I. (2002. und 2008). *Die sieben Grundbedürfnisse von Kindern. Was jedes Kind braucht, um ge-*

sund aufzuwachsen, gut zu lernen und glücklich zu sein. Weinheim/Basel: Beltz.

Brockhaus Enzyklopädie. (1999). *Brockhaus-Enzyklopädie: in 24 Bänden* (20. Aufl., Bd. 7) (Ex-Frt). Mannheim: F.A. Brockhaus.

Brazelton, T. B. (2008). *Die sieben Grundbedürfnisse von Kindern – Was jedes Kind braucht, um gesund aufzuwachsen, gut zu lernen und glücklich zu sein.* Weinheim: Beltz Verlag.

Bundesministerium für Familie, Senioren, Frauen und Jugend/BMFSSJ. (Hrsg.). (1996). *Bestandsaufnahme in der Institutionellen Ehe-, Familien- und Lebensberatung.* Stuttgart/Berlin/Köln: Kohlhammer.

Bundesministerium für Familie und Senioren/BM FuS. (Hrsg.). (1993). *(a). Familie und Beratung: Gutachten des wissenschaftlichen Beirats für Familienfragen beim Bundesministerium für Familien und Senioren* (Bd. 16). Stuttgart/Berlin/Köln: Kohlhammer.

Bundesministerium für Umwelt, Jugend und Familie (Hrsg.) (1999). Partnerschaften zur Vereinbarkeit und Neuverteilung von Betreuungs- und Erwerbsarbeit. 4. Familienbericht. *Österreichischer Familienbericht* (Bd. I). https://www.bmfj.gv.at/familie/familienforschung/familienbericht/4-familienbericht-1999.html. Zugegriffen am 22.02.2019

Bundesministerium für Umwelt und Jugend. (1999). Zur Situation von Familie und Familienpolitik in Österreich. In H. Werneck & S. Werneck-Rohrer (Hrsg.). (2003). *Psychologie der Scheidung und Trennung* (S. 46). Wien: Facultas Verlags – und Buchhandels AG.

Cecchin, G. (2008). *Wenn Eltern aufgeben: Therapie und Beratung bei konflikthaften Trennungen von Eltern und Kindern* (1. Aufl.). Heidelberg: Carl- Auer-Systeme-Verlag.

Csikszentmihalyi, M. (1998). Das Geheimnis des Glücks. In J. Ecarius (Hrsg.). (2007). *Handbuch Familie* (S. 608). Wiesbaden: VS Verlag für Sozialwissenschaften GWV Fachverlage GmbH.

Diefenbach, H. (1999). Geschichte wiederholt sich nicht? Der Zusammenhang von Ehescheidung in der Eltern- und in der Kindergeneration. In T. Klein & J. Kopp (Hrsg.), *Scheidungsursachen aus soziologischer Sicht.* Würzburg.

Literaturverzeichnis

Diem Knöpfel, R., Reichling, F., & Stüdeli, J. (1996). *Gemeinsames Sorgerecht nach der Scheidung*. Heidelberg: Karl F. Haug Fachbuchverlag.

Dimpker, H, v. z. Gathen, M., & Maiwald, J. (Hrsg.). (2015). *Wegweiser für den Umgang nach Trennung und Scheidung. Wie Eltern den Umgang am Wohl des Kindes orientieren können*. Deutsche Liga für das Kind in Familie und Gesellschaft e.V.

Dolto, F. (1993). *Scheidung – wie ein Kind sie erlebt*. Francoise Dolto im Gespräch mit Inès

Dümmler, F. D. (1997). *Kindliche Bewältigungsformen von Scheidung*. Regensburg: S. Roderer.

Ecarius, J. (Hrsg.). (2007). *Handbuch Familie*. Wiesbaden: VS Verlag für Sozialwissenschaften GWV Fachverlage GmbH.

Engstler, H., & Menning, S. (2001). *Die Familie im Spiegel der amtlichen Statistik*. Berlin: Bundesministeriums für Familie, Senioren, Frauen und Jugend in Zusammenarbeit mit dem Statistischen Bundesamt (erstellt im Auftrag).

Fassel, D. (1994). Ich war noch ein Kind, als meine Eltern sich trennten. München: Kösel Verlag.

Fegert, J. M. (Hrsg.). (1999). *Kinder im Scheidungsverfahren nach der Kindschaftsreform Kooperation im Interesse des Kindes*. Neuwied/Kriftel: Luchterhand.

Figdor, H. (1991). *Kinder aus geschiedenen Ehen: zwischen Trauma und Hoffnung; eine psychoanalytische Studie*. Mainz: Matthias-Grünewald-Verlag, (psychopädagogische Pädagogik; Bd. 6 (Edition Psychologie und Pädagogik).

Figdor, H. (1997). *Scheidungskinder*. Wege. München: BR-Alpha – Der Bildungskanal des Bayerischen *Rundfunks. der Hilfe*. Gießen: Psychosozial- Verlag.

Figdor, H. (1998). *Scheidungskinder – Wege der Hilfe* (2. Aufl.). Gießen: Psychosozial-Verlag.

Flammer, A., & Alsaker, F. (2002). *Entwicklungspsychologie der Adoleszenz*. Bern: Verlag Hans Huber.

Framo, J. L. (1980). *Scheidung der Eltern – Zerreißprobe für die Kinder Familiendynamik* (Juli 1980, 5. Jahrgang, Heft 3, S. 204–228). Stuttgart: Klett-Cotta.

Fthenakis, W. E. (1993). Kindliche Reaktionen auf Trennung und Scheidung. In O. Kraus (Hrsg.), *Die Scheidungswaisen* (S. 85). Göttingen: Vandenhoeck & Rupprecht.

Fthenakis, W. E. (1999). *Ein Interview im Alpha-Forum, im Bildungskanal des Bayrischen Rundfunks*. BR-Alpha: Der Bildungskanal des Bayerischen Rundfunks. Münnchen

Gaier, O. R. (1988). *„Manchmal mein' ich, ich hätt' auf der Welt nix verloren": Scheidungskinder erzählen*. Hamburg: Hoffmann und Campe.

Hetherington, E. M., & Kelly, J. (2003). *Scheidung. Die Perspektiven der Kinder* (1. Aufl.). Weinheim/Basel/Berlin: Beltz.

Hoffmann, B. (2003). *Der Anspruch des Kindes auf Pflege, Erziehung und Bildung*. Hamburg: Verlag Dr. Kovac.

Hyams, H. U. (2002). *Kinder wollen keine Scheidung*. Stuttgart: Klett-Cotta.

Imhof, A. E. (1981). *„demografische Freisetzung der Frau"*: In R. Peuckert (2005): Der soziale Wandel der Rolle der Frau in Familie und Beruf. Stuttgart: UTB.

Jaede, W. (2006). *Was Scheidungskindern hilft. Wie sie unbeschädigt durch die Krise kommen* (1. Aufl.). Freiburg: Herder.

Jaede, W., & Zeller-König, B. (1996). *Gruppentraining mit Kindern aus Trennungs- und Scheidungsfamilien*. Weinheim: Beltz, Psychologie Verlags Union.

Kasten, H. (1993). Die Geschwisterbeziehung. In R. Peuckert (Hrsg.). (2005). *Familienformen im sozialen Wandel* (S. 127). Wiesbaden: VS Verlag für Sozialwissenschaften/GWV Fachverlage GmbH.

Kinderschutz Zentrum Berlin e.V (Hrsg.). (2009). *Kindeswohlgefährdung. Erkennen und Helfen* (10. Aufl., S. 420–470). Berlin: Kinderschutz-Zentrum Berlin e.V.

Kessler, R. C., Miller, E., Breslau, J., Joanie Chung, W., Greif Green, J. & McLaughlin, K. A. (1980). Adverse childhood experiences and risk of physical violence in adolescent dating relationships. HHS Public Access. *Journal of Epidemiology and Community Health*. [PMC free article] [PubMed] [Google Scholar].

Krenz, A. (1996). *Was Kinderzeichnungen erzählen. Kinder in ihrer Bildsprache verstehen.* Freiburg im Breisgau: Verlag Herder.

Kuntzag, L. (1995). *Scheiden tut weh: Kinder und Eltern im Trennungsprozess.* Ravensburg: Ravensburger Buchverlag.

Langenmayr, A., & Kardas, J. (1996). *Familien in Trennung und Scheidung.* Stuttgart: Thieme.

Largo, R. H. (1999). *Kinderjahre* (6. Aufl.). München: Piper.

Largo, R. H., & Czernin, M. (2003). *Glückliche Scheidungskinder.* München: Piper.

Lazarus, R. S. (1991). *Emotion and adaption.* New York: Oxford: University Press.

LBS-Initiative Junge Familie. (Hrsg.). (1996). *Trennung, Scheidung und Wiederheirat.* Weinheim/Basel: Beltz.

Lempp, R. (1986). *Familie im Umbruch.* Kösel: München.

Loidl, J. (1985). Scheidung, Ursachen und Hintergründe. In H. Werneck & S. Werneck-Rohrer (Hrsg.). (2003). *Psychologie der Scheidung und Trennung* (S. 47). Wien: Facultas Verlags – und Buchhandels AG.

Lorinser, B. (2000). *So helfe ich unserem Kind durch die Scheidung.* Freiburg im Breisgau: Ravensburger.

Matthias-Bleck, H. (1997). *Warum noch Ehe?: Erklärungsversuche der kindorientierten Eheschließung* (1. Aufl.). Grünwald: USP International.

Maywald, J. (2016). *Kinderrechte, Elternrechte und staatliches Wächteramt. Bundesgesundheitsblatt.* Berlin/Heidelberg: Springer-Verlag.

Menne, K., Schilling, H., & Weber, M. (1993). *Kinder im Scheidungskonflikt. Beratung von Kindern und Eltern bei Trennung und Scheidung.* Weinheim/München: Juventa.

Menne, K., Schilling, H., & Weber, M. (Hrsg.). (1997). *Kinder im Scheidungskonflikt. Beratung von Kindern und Eltern bei Trennung und Scheidung.* Weinheim: Juventa.

Menne, K., Schilling, H., & Weber, M. (Hrsg.). (1999). *Kinder im Scheidungskonflikt. Bundeskonferenz für Erziehungsberatung Weinheim.* München: Juventa Verlag.

Napp-Peters, A. (1987). *Ein-Elternteil-Familien – Soziale Randgruppe oder neues familiales Selbstverständnis?* Weinheim: Juventa.

Napp-Peters, A. (1995). *Familien nach der Scheidung*. München: Kunstmann, Antje.

Nave-Herz, R. (1984). Familiale Veränderungen in der Bundesrepublik Deutschland seit 1950. *Zeitschrift für Sozialisationsforschung und Erziehungssoziologie*. 1:45–63.

Nave-Herz, R. (2002). Familie heute. In J. Ecarius (Hrsg.). (2007). *Handbuch Familie* (S. 38). Wiesbaden: VS Verlag für Sozialwissenschaften GWV Fachverlage GmbH.

Nave-Herz, R. (2007). *Familie heute. Wandel der Familienstrukturen und Folgen für die Erziehung*. Darmstadt: Primus Verlag.

Oerter, R., & Montada, L. (1998). *Entwicklungspsychologie* (4. Aufl.). Weinheim: Belz.

Parsons, T. (Hrsg.). (2012). *The Social System*. London: Quid Pro, LLC.

Pedro-Carroll, J. L. (1999). A two-year follow-up evaluation of a preventive intervention program for young children of divorce. *School Psychology Review* 28: 467–476.

Paul, N. L. (1980). Die Scheidung als innerer und äußerer Prozess. In Familiendynamik 4. Stuttgart: Klett-Cotta.

Petzold, H. G. (1997). Das Ressourcenkonzept in der sozial – interventiven Praxeologie und Systemberatung. In J. Ecarius (Hrsg.). (2007)*Handbuch Familie* (S. 608). Wiesbaden: VS Verlag für Sozialwissenschaften GWV Fachverlage GmbH.

Werneck, H., & Werneck-Rohrer, S. (Hrsg.). (2003). *Psychologie der Scheidung und Trennung*. Wien: Facultas Verlags – und Buchhandels AG.

Peuckert, R. (2005). *Familienformen im sozialen Wandel*. Wiesbaden: VS Verlag für Sozialwissenschaften. GWV Fachverlage GmbH.

Reinhold, C., & Kindler, H. (2006). *Was ist über Eltern, die ihre Kinder gefährden, bekannt?* DJI-Handbuch Kindeswohlgefährdung nach §1666 BGB und Allgemeiner Sozialer Dienst (ASD), 18-4 ff.

Reinhold, C., & Kindler, H. (2014). *Was ist über Eltern, die ihre Kinder gefährden, bekannt?*. DJI-Handbuch Kindeswohlgefährdung nach § 1666 BGB und Allgemeiner Sozialer Dienst (ASD) 18-4 ff.

Rosenbaum, H. (1970). *Formen der Familie*. Berlin: Suhrkamp.
Rohrer, S. (2003). *Psychologie der Scheidung und Trennung* (S. 87). Wien: Facultas Verlags – & Buchhandels AG.
Rottleuthner-Lutter, M. (1989). Ehescheidung. In H. Werneck & S. Werneck-Rohrer (Hrsg.), (2003). *Psychologie der Scheidung und Trennung*. Wien: Facultas Verlags – und Buchhandels AG.
Sandler, J., & Joffe, W. G. (1980). *Zur Depression im Kindesalter*. Klett Cotta: Psychosozial-Verlag.
Schneewind, K. A., & Vaskovics, L., A. (1992). Optionen der Lebensgestaltung junger Ehen und Kinderwunsch. *Schriftenreihe des Bundesministeriums für Familie und Senioren* (Bd. 9). Stuttgart: Kohlhammer.
Schneider, N. F., & Bien, W. (Hrsg.). (1998). *Kind ja, Ehe nein?: Status und Wandel der Lebensverhältnisse von nichtehelichen Kindern und Kindern in nichtehelichen Lebensgemeinschaften* (S. 1–40). Opladen: Leske + Budrich.
Schneider, N. F., Rosenkranz, D., & Limmer, R. (1998). *Nichtkonventionelle Lebensformen – Entstehung, Entwicklung, Konsequenzen*. Opladen: Leske & Budrich
Schülein, J. A. (1990a). *Die Geburt der Eltern. Über die Entstehung der modernen Elternposition und den Prozess ihrer Aneignung und Vermittlung*. Opladen: Westdeutscher.
Schülein, J. A. (1990b). *Die Geburt der Eltern. Über die Entstehung der modernen Elternposition und den Prozess ihrer Aneignung und Vermittlung*. Opladen: Westdeutscher.
Strohbach, S. (2002). *Scheidungskindern helfen*. Weinheim/Basel: Beltz-Verlag.
Stolberg, A. L. (1987). Individual, familial and environmental determinants of children's post-divorce adjustment and maladjustment. *Journal of Divorce 11*.
Stolberg, A. L., & Garrison, K. M. (1985). Evaluating a primary prevention program for children of divorce. *American Journal of Community Psychology* 13:111–124.
Sünderhauf, H. (2013). *Wechselmodell: Psychologie – Recht – Praxis: Abwechselnde Kinderbetreuung durch Eltern nach Trennung und Scheidung Taschenbuch*. Wiesbaden: Springer VS.

Textor, M. R. (1990a). *Familien: Soziologie, Psychologie: Eine Einführung für soziale Berufe*. Freiburg im Breisgau: Lambertus.
Tyrell, H. (1985). Literaturbericht – Nicht eheliche Lebensgemeinschaften in der Bundesrepublik Deutschland. *Schriftenreihe des Bundesministeriums für Jugend, Familie, Frauen und Gesundheit, Stuttgart 170*:93–140.
Wallerstein, J., & Kelly, J. (1980). *Surviving the breakup: How children and parents cope with divorce*. New York: Basic Books.
Wallerstein, J. & Blakeslee, S. (1989/1990). *Gewinner und Verlierer. Frauen, Männer und Kinder nach der Scheidung. Eine Langzeitstudie*. München: Droemer Knaur.
Werneck, H., & Werneck-Rohrer, S. (Hrsg.). (2003). *Psychologie der Scheidung und Trennung*. Wien: Facultas Verlags – und Buchhandels AG.
Wallerstein, J. S. (2002). *Scheidungsfolgen – die Kinder tragen die Last: eine Langzeitstudie über 25 Jahre*. Wallerstein, J. S., Lewis, J. M., Blakeslee, S. Aus dem Amerikan. übers. von Stopfel, U. Münster: Votum-Verlag.
Wallerstein, J. S., & Blakeslee, S. (1996). *Gewinner und Verlierer. Frauen, Männer, Kinder nach der Scheidung. Eine Langzeitstudie*. Weinheim/Berlin: Droemer Knaur.
Wallerstein, J. S., Lewis, J., & Blakeslee, S. (2000). *The unexpected legacy of divorce. A 25 year landmark story*. New York: Hyperion.
Walper, S., & Schwarz, B. (Hrsg.). (2002). *Was wird aus den Kindern? Chancen und Risiken für die Entwicklung von Kindern aus Trennungs- und Stieffamilien* (2. Aufl.). Weinheim/München: Juventa.
Weber-Kellermann, I. (1976). Die Familie. Geschichte. Geschichten und Bilder. In R. Peuckert (Hrsg.), (2005). *Familienformen im sozialen Wandel*. Wiesbaden: VS Verlag für Sozialwissenschaften/GWV Fachverlage GmbH.
Weber-Kellermann, I. (1996). *Die deutsche Familie. Versuch einer Sozialgeschichte*. Frankfurt a. M: Suhrkamp.
Werneck, H., & Werneck-Rohrer, S. (Hrsg.). (2003). *Psychologie der Scheidung und Trennung*. Wien: Facultas Verlags – und Buchhandels AG.

Verzeichnis der Internetquellen

Das Familienhandbuch des Staatsinstituts für Frühpädagogik. (2008). https://www.familienhandbuch.de/familie-leben/schwierige-zeiten/trennung/elterlicheverantwortungindervorscheidunugsphase.php. Zugegriffen am 26.02.2019

Deutscher Bundestag. (2018). *Artikel 3 Abs. 1 der UN-Kinderkonvention.* https://www.bundestag.de/resource/blob546736/223ceb4241f782eea38f8acec337e2d3/wd-9-068-17-pdfdata.pdf. Zugegriffen am 02.05.2019

Familienhandbuch. (2008). https://www.familienhandbuch.de/familie-leben/schwierige-zeiten/trennung/trennungkinderwollenwissenwieesweitergeht.php. Zugegriffen am 26.02.2019

Kitahara, R., & Matsuishi, T. (2005). Forschung zu Kinderzeichnungen. http://matsuishi-lab.org/german/childrenpicturesummaryJ_EN_DE.html. Zugegriffen am 11.11.2018

Mauron, F. (2010). *Wenn sich Eltern streiten.* https://docplayer.org/60765-Wenn-sich-eltern-streiten-partnerschaftskonflikte-und-das-wohlergehen-der-kinder.html. Zugegriffen am 15.09.2019

Statistisches Bundesamt Deutschland. (2019). http://www.destatis.de/DE/Themen/Gesellschaft-Umwelt/Bevoelkerung/Eheschliessungen-Ehescheidungen-Lebenspartnerschaften/_inhalt.html. Deutschland. Zugegriffen am 06.09.2019

MIX
Papier aus verantwortungsvollen Quellen
Paper from responsible sources
FSC® C105338

If you have any concerns about our products,
you can contact us on
ProductSafety@springernature.com

In case Publisher is established outside the EU,
the EU authorized representative is:
**Springer Nature Customer Service Center GmbH
Europaplatz 3, 69115 Heidelberg, Germany**

Printed by Libri Plureos GmbH
in Hamburg, Germany